Progetto Lingua Edizioni
Via S. Reparata, 105
50129 Firenze

Tel/Fax 055 - 486644
www.progettolingua.it

Volume stampato in Italia - Printed in Italy.

ISBN 88-87883-05-X

Finito di stampare nel maggio 2005 dalla Tipografia «Il David» di Firenze
per conto di: *Progetto Lingua Edizioni* - Firenze, Italia.

Claudio Manella

Guida ai pronomi

personali, relativi, interrogativi, possessivi, dimostrativi e indefiniti.

Verbi ed espressioni idiomatiche con traduzioni in inglese, francese, tedesco, spagnolo.

Spiegazioni, esempi, esercizi e test.

Tre livelli di difficoltà:

>	>>	>>>
facile	*medio*	*difficile*

chiavi

☑

Progetto Lingua
Firenze

Indice

Parte prima

Che cos'è un pronome?

Il pronome è una «parola» che si usa al posto del nome. Per non dire o non ripetere un nome, usiamo un pronome.
In italiano, come in altre lingue, ci sono diversi pronomi. Ecco i principali:

1. Pronomi personali

Si dividono in **pronomi soggetto** e **pronomi oggetto**. I primi sostituiscono il soggetto della frase, mentre i secondi sostituiscono l'oggetto.

Se l'oggetto è diretto (caso accusativo) dovremo usare i *pronomi diretti*.
Se l'oggetto è indiretto (caso dativo) dovremo usare i *pronomi indiretti*.
Se nella frase abbiamo contemporaneamente tutti e due gli oggetti (caso accusativo e dativo insieme), allora dovremo usare i *pronomi combinati*.

2. Pronomi relativi

I principali pronomi relativi sono: «**che**», «**...cui**» e «**...quale,i**».

Il pronome relativo «che» si usa sia per il soggetto che per l'oggetto; è uguale per il singolare e per il plurale; per il maschile e per il femminile.
È sempre da solo, <u>senza preposizione</u>.

Il pronome relativo «...cui» si usa sia per il singolare, che per il plurale; per il maschile e per il femminile ed è sempre accompagnato da una <u>preposizione semplice</u> (da cui, per cui, ...).

Il pronome relativo «...quale,i» è uguale per il maschile e per il femminile, mentre è diverso per il singolare e per il plurale. È sempre accompagnato da una <u>preposizione articolata</u> (dal quale, dalla quale, per i quali...).

3. Pronomi interrogativi

I pronomi interrogativi sono:
«**chi**?»; «**che**?» («**che cosa**?», «**cosa**?»); «**quale,i**?»; «**quanto,a,i,e**?».

4. Pronomi dimostrativi

I principali pronomi dimostrativi sono:
«**questo**»; «**questa**»; «**questi**»;«**queste**»; «**quello**»; «**quella**»;«**quelli**»;«**quelle**».

A questi si aggiungono:
«**costui**»; «**costei**»; **costoro**»; «**colui**»; «**colei**»; «**coloro**».

5. Pronomi possessivi

I pronomi possessivi sono:

Singolare maschile - il mio; il tuo; il suo; il nostro; il vostro; il loro.
Singolare femminile - la mia; la tua; la sua; la nostra; la vostra; la loro.

Plurale maschile - i miei; i tuoi; i suoi; i nostri; i vostri; i loro;
Plurale femminile - le mie; le tue; le sue; le nostre; le vostre; le loro.

Questi pronomi devono avere sempre l'articolo davanti, eccetto che con il verbo «essere», con il quale l'articolo è facoltativo.

6. Pronomi indefiniti

I principali pronomi indefiniti sono:

«**uno,a**»; «**ognuno,a**» («**ciascuno,a**»); «**qualcuno,a**» (**qualcheduno,a**»; «**chiunque**»; «**niente**» («**nulla**»); «**nessuno,a**»; «**molto,a**» («**tanto,a**»); «**poco,a**»; «**troppo,a**»; «**parecchio,a**»; «**tutto,a**»; «**alcuno,a**».

Ricordiamoci che «uno,a»; «ognuno,a» («ciascuno,a»); «qualcuno,a» («qualcheduno,a»); «chiunque»; «niente» («nulla») <u>sono solo pronomi</u>, mentre «nessuno,a»; «molto,a» («tanto,a»); «poco,a»; «troppo,a»; «parecchio,a»; «tutto,a»; «alcuno,a» <u>possono essere anche aggettivi</u>.

1.
Pronomi personali

I pronomi personali nella lingua italiana si dividono in:

a) ***pronomi soggetto***
b) ***pronomi oggetto***

I pronomi soggetto

Questi pronomi, come dice la parola stessa, sono quelli che indicano chi compie, chi fa l'azione (il soggetto, appunto).

Es. ***Lui*** *non viene stasera a cena.*
Tu *credi a quello che dice Anna?*
Loro *ci hanno appena telefonato.*

In queste frasi non diciamo il nome del soggetto, ma lo sostituiamo con il pronome.

I pronomi soggetto in italiano sono:

io - tu - lui - lei - Lei - noi - voi - loro - Loro

Es. ***io*** *studio l'italiano da quattro mesi.*
tu *non dici sempre tutta la verità.*
lui *ha comprato una bella moto.*
lei *ripeteva sempre le stesse cose.*
Lei*, signore, che cosa desidera?*
Lei*, signora, che cosa desidera?*
noi *preferiremmo non venire.*
voi *non avete capito niente.*
loro *ritorneranno presto a casa.*
Loro*, signori, vogliono accomodarsi?*

① ***Nota:*** *nella lingua parlata, questi pronomi soggetto spesso non vengono usati. Invece di dire «**io** studio l'italiano da quattro mesi» si dice: «studio l'italiano da quattro mesi.»*

Es. Che cosa fate domenica? (voi)
Andiamo in discoteca. (noi)
Ieri ho comprato un bel libro. (io)

Questi pronomi si usano quando si vuole mettere in evidenza il soggetto:

*Es. **Io** pulisco sempre l'appartamento, e non **tu**, che non fai mai niente!*
*Hai svegliato **tu** Giorgio e Francesco? (sei stato **tu** o un'altra persona?)*
***Voi** avete rotto il vetro, non siamo stati **noi**! (siete stati **voi** a rompere il vetro!)*

② ***Nota:*** *La forma di cortesia singolare è **Lei** e quella plurale è **Loro**. Per quanto riguarda la forma di cortesia plurale, però, si usa molto la forma **Voi**, meno formale e più utilizzata nella lingua parlata.*

*Es. Signori (**Loro**), che cosa desiderano? → Signori (**Voi**), che cosa desiderate?*
*Signore (**Loro**), vogliono seguirmi? → Signore (**Voi**), volete seguirmi?*

③ ***Nota:*** *in sostituzione di alcuni pronomi personali che abbiamo elencato se ne possono usare altri, anche se sono più rari, soprattutto nella lingua parlata.*

*. Al posto di **lui** si può usare **egli** e al posto di **lei** si può usare **ella**.*

*Es. **lui** ha comprato una bella moto. → **egli** ha comprato una bella moto.*
***lei** ripeteva sempre le stesse cose → **ella** ripeteva sempre le stesse cose.*

*. Al posto di **Lei** (forma di cortesia) si può usare **Ella**.*

*Es. **Lei**, signor Presidente, ha ragione → **Ella**, signor Presidente, ha ragione.*
***Lei**, signora Bettini, ha ragione → **Ella**, signora Bettini, ha ragione.*

*. Al posto di **loro** (maschile e femminile) si può usare **essi** (maschile) e **esse** (femminile)*

*Es. **loro** non sanno quello che dicono → **essi** non sanno quello che dicono.*
***loro** sono arrivate stamattina → **esse** sono arrivate stamattina.*

④ ***Nota:*** *Per indicare cose o animali al singolare si usano i pronomi: **esso, essa**.*

*Es. Il cane è un animale intelligente: **esso** è il miglior amico dell'uomo.*
*Questa è una chiesa molto antica: **essa** fu infatti costruita nel 1350.*

*Attenzione! **egli, ella, esso, essa, essi, esse** si possono usare solo insieme a un verbo. Questi pronomi non si possono usare mai da soli!*

Esercizi

1. > *Mettere il giusto pronome soggetto nelle frasi seguenti.*

Es. ...... non hai fatto sempre il tuo dovere.
tu *non hai fatto sempre il tuo dovere.*

1) È stato .... a dire quelle brutte cose sul conto di Maria.
2) .... non ho ancora capito che cosa vuoi da me.
3) Che cosa avete fatto .... due? Sembrate molto arrabbiati.
4) Signor Pagni, ... ha ragione a dire che così non va bene.
5) Perché devo fare .... questo lavoro noioso?
6) Siamo stati .... a fare quella telefonata ieri sera.
7) .... è partita con il treno, mentre .... è rimasto a casa.
8) Piero, ... non sai proprio niente di quello che è successo?
9) Sono andata da Anna e Lucio e sono rimasta con .... tutta la sera.
10) ...., signori, possono accomodarsi nell'ufficio del direttore.

2. >> *Mettere il giusto pronome soggetto nelle frasi seguenti.*

Es. ...... avete sbagliato l'esercizio sui pronomi personali.
voi *avete sbagliato l'esercizio sui pronomi personali.*

Amo gli animali. A volte ...... sono migliori dell'uomo.
Amo gli animali. A volte ***essi*** *sono migliori dell'uomo.*

1) Quest'opera è magnifica: .... rappresenta il meglio della produzione di questo artista. È d'accordo, signor Paoli? Certo, sono d'accordo con ....
2) Siete stati .... a telefonare ieri sera? No, non siamo stati ....
3) Questa nuova automobile unisce il meglio della tecnologia con il massimo rispetto per l'ambiente: .... infatti può percorrere cento chilometri con soli cinque litri di benzina. L'ho provata .... personalmente.
4) I computer sono stati davvero una grande invenzione: .... hanno cambiato il nostro modo di lavorare e il nostro modo di vivere. Ormai nessuno di .... potrebbe farne a meno. Non credi?
5) Hai sbagliato a comportarti così con Clara. Dovevi essere .... a scusarti con .... e non viceversa.

I pronomi oggetto

Questi pronomi sono i più difficili da usare. Sono quelli che "subiscono" l'azione del soggetto e si dividono in: ***diretti, indiretti*** *e* ***combinati.***

	Pronomi diretti	Pronomi indiretti
sing. masch. e femm.	mi	mi
sing. masch. e femm.	ti	ti
sing. masch.	**lo**	**gli**
sing. femm.	**la**	**le**
forma di cortesia sing.	**La**	**Le**
plur. masch. e femm.	ci	ci
plur. masch. e femm.	vi	vi
plur. masch.	**li**	**gli**
plur. femm.	**le**	**gli**
forma di cortesia plur.	Loro	Loro
partitivo	ne	-

Pronomi combinati
(indiretti + diretti)

mi	+	lo	(la, li, le, ne)	=	**me lo**	(**me la**, **me li**, **me le**, **me ne**)
ti	+	lo	(la, li, le, ne)	=	**te lo**	(**te la**, **te li**, **te le**, **te ne**)
gli	+	lo	(la, li, le, ne)	=	**glielo**	(**gliela**, **glieli**, **gliele**, **gliene**)
le	+	lo	(la, li, le, ne)	=	**glielo**	(**gliela**, **glieli**, **gliele**, **gliene**)
Le	+	lo	(la, li, le, ne)	=	**Glielo**	(**Gliela**, **Glieli**, **Gliele**, **Gliene**)
ci	+	lo	(la, li, le, ne)	=	**ce lo**	(**ce la**, **ce li**, **ce le**, **ce ne**)
vi	+	lo	(la, li, le, ne)	=	**ve lo**	(**ve la**, **ve li**, **ve le**, **ve ne**)
gli	+	lo	(la, li, le, ne)	=	**glielo**	(**gliela**, **glieli**, **gliele**, **gliene**)
loro	+	lo	(la, li, le, ne)	=	**glielo**	(**gliela**, **glieli**, **gliele**, **gliene**)
Loro	+	lo	(la, li, le, ne)	=	**Glielo**	(**Gliela**, **Glieli**, **Gliele**, **Gliene**)

. ***I pronomi diretti*** *si usano quando nella frase l'oggetto è diretto, senza nessuna preposizione (caso accusativo).*

Es. Noi mangiamo spesso <u>la pasta</u> (la) → *Noi* ***la*** *mangiamo spesso*

Noi mangiamo spesso <u>il pane</u> (lo) → *Noi* ***lo*** *mangiamo spesso*

. ***I pronomi indiretti*** *si usano quando nella frase l'oggetto è indiretto ed è accompagnato dalla preposizione «a» (caso dativo).*

Es. Domani telefoneremo <u>a Franca</u> (le) → *Domani* ***le*** *telefoneremo*

Domani telefoneremo <u>a Franco</u> (gli) → *Domani* ***gli*** *telefoneremo*

. ***I pronomi combinati*** *si usano quando nella frase esistono tutti e due gli oggetti, diretto e indiretto (caso accusativo e caso dativo insieme).*
Nella "combinazione" dei due pronomi, quello indiretto va al primo posto.

Es. Stasera scrivo <u>una lettera</u> (la) *<u>a Piera</u>* (le) → *Stasera* ***gliela*** *scrivo* (le+la)

Stasera scrivo <u>una lettera</u> (la) *<u>a Piero</u>* (gli) → *Stasera* ***gliela*** *scrivo* (gli+la)

Domani spedirò <u>un pacco</u> (lo) *<u>a Lucia</u>* (le) → *Domani* ***glielo*** *spedirò* (le+lo)

Domani spedirò <u>un pacco</u> (lo) *<u>a Lucio</u>* (gli) → *Domani* ***glielo*** *spedirò* (gli+lo)

Scriviamo <u>una lettera</u> (la, *oggetto diretto*) → **la** → *la scriviamo*

Scriviamo <u>a Patrizia</u> (le, *oggetto indiretto*) → **le** → *le scriviamo*

Scriviamo <u>una lettera</u> (la, *oggetto diretto*) *<u>a Patrizia</u>* (le, *oggetto indiretto*) → **le+la = gliela** → *gliela scriviamo*

Facciamo <u>un bel regalo</u> (lo, *oggetto diretto*) *<u>a Franco</u>* (gli, *oggetto indiretto*) → **gli+lo = glielo** → *glielo facciamo*

Esercizi

3. > *Trasformare le frasi seguenti con il pronome diretto.*

*Es. Noi aiutiamo i nostri amici → Noi **li** aiutiamo*

1) Domani tutti noi faremo l'esame ....
2) Prima incontravo spesso Anna e Piero ....
3) Quando spedirai questa raccomandata? ....
4) Dove comprerai le scarpe da tennis? ....
5) Perché non inviti tuo fratello alla festa? ....
6) Chi usa sempre il mio computer ? ....

4. > *Trasformare le frasi seguenti con il pronome indiretto.*

*Es. Piacciono a Sergio i biscotti? → **Gli** piacciono i biscotti?*

1) Quando telefonerete a Luciana? ....
2) Che cosa dirai al direttore della scuola? ....
3) A me non interessano questi discorsi ....
4) Perché non scriviamo ai nostri genitori? ....
5) Signora, piace a Lei questo concerto? ....
6) Non preoccuparti, parlerò io a tua madre ....

5. > *Trasformare le frasi seguenti con il pronome combinato.*

*Es. Scrivo subito una lettera a Danilo → **Gliela** scrivo subito*

1) Io non presto il mio libro a Luciana ....
2) Perché non racconti a me una bella storia? ....
3) Noi non facciamo a voi la domanda ....
4) Regalerai la bicicletta a tuo nipote? ....
5) Farei volentieri a te questo piacere ....
6) Spieghiamo a loro le regole dei pronomi ....

Esercizi

6. >> *Inserire nelle frasi seguenti il giusto pronome diretto.*

Es. Quando vedrai Stefania? ..... vedrò domani pomeriggio.
Quando vedrai Stefania? ***La*** *vedrò domani pomeriggio.*

1) Dove compri di solito i tuoi vestiti? .... compro in quel negozio.
2) Sai per caso come si chiama quell'uomo? No, non .... so.
3) Mangi spesso la cioccolata? Sì, ... mangio quasi tutti i giorni.
4) Signor Cremonesi, ... prego di ascoltare attentamente le mie parole.
5) Vedi quella casa in fondo alla strada? Sì, ... vedo bene. È la tua?
6) Quando prenderai le ferie quest'anno? .... prenderò in luglio.

7. >> *Inserire nelle frasi seguenti il giusto pronome indiretto.*

Es. Quando scrivi a Giancarlo? ..... scriverò la prossima settimana.
Quando scrivi a Giancarlo? ***Gli*** *scriverò la prossima settimana.*

1) Non si preoccupi, signora, ... telefonerò domani mattina.
2) Antonio ha lasciato la sua ragazza perché non .... piaceva più.
3) Laura ha detto che .... dispiace molto non essere venuta con noi.
4) Che cosa regalate a Paolo e Silvia? .... regaliamo una bella lampada.
5) Direttore, ... sembra giusto il modo in cui si è comportato ieri?
6) Che cosa dirai a tuo fratello? .... racconterò quello che è successo.

8. >> *Inserire nelle frasi seguenti il giusto pronome combinato.*

Es. Mi presenti quel ragazzo? Certo, ... presento subito!
Mi presenti quel ragazzo? Certo, ***te lo*** *presento subito!*

1) Quando porti il libro di grammatica a Silvio? .... porto stasera.
2) Mi presti la tua macchina? Ma certo, ... do volentieri.
3) Se non avete capito bene, ragazzi, ... spiego un'altra volta.
4) Chi racconta a Giovanni tutta la storia? .... racconto io.
5) .... ripeto per l'ultima volta! Non voglio vederti mai più!
6) Questa volta arriverò in orario, ... prometto, Franco.

Attenzione!

. ***I pronomi diretti*** *«**lo**»; «**la**»; «**li**»; «**le**»; «**La**» (forma di cortesia) e «**ne**» nei Tempi composti (Passato prossimo, Trapassato prossimo, Trapassato remoto, Futuro composto; Congiuntivo Passato e Trapassato; Condizionale composto) si devono accordare con il Participio passato.*

Con i pronomi singolari «lo»; «la» e «La» è necessario mettere l'apostrofo, mentre con i pronomi plurali «li» e «le» e con il partitivo «ne» non bisogna metterlo.

Es. Ho comprato un libro	→	**l'ho comprato**
Ho comprato una penna	→	**l'ho comprata**
Ho comprato dei libri	→	**li ho comprati**
Ho comprato delle penne	→	**le ho comprate**
Ho scritto un articolo	→	**ne ho scritto uno**
Ho scritto una lettera	→	**ne ho scritta una**
Ho scritto molti articoli	→	**ne ho scritti molti**
Ho scritto molte lettere	→	**ne ho scritte molte**
Hanno chiamato Lei, signore	→	**L'hanno chiamata**
Hanno chiamato Lei, signora	→	**L'hanno chiamata**

Esercizi

9. >> *Trasformare le frasi seguenti con i pronomi diretti* ***lo; la; li; le; ne.***

Es. Dove hai comprato la bicicletta? → *Dove* ***l'hai comprata****?*

1) Ho studiato l'italiano alcuni anni fa ....
2) Hai capito questa frase difficile? ....
3) Hanno aspettato Piero per dieci minuti ....
4) Quando avete conosciuto quei ragazzi? ....
5) Dove hai parcheggiato la macchina? ....
6) Hai spento tutte le luci di casa? ....
7) Ho conosciuto Angela ieri sera ....
8) Lei ha spedito alcune lettere ....
9) Chi ha vinto la partita di calcio? ....
10) Ragazzi, avete ordinato la cena? ....

Attenzione!

. ***I pronomi diretti*** *«**mi**»; «**ti**»; «**ci**»; e «**vi**», nei Tempi composti (Passato prossimo, Trapassato prossimo, Trapassato remoto, Futuro composto; Congiuntivo Passato e Trapassato; Condizionale composto) non si devono per forza accordare con il Participio passato: l'accordo è facoltativo e il significato della frase non cambia.*

I pronomi «mi» e «ti» si possono anche apostrofare, ma nell'italiano moderno si preferisce non farlo più.

Es. *Paola dice: «Domenica **mi hanno invitato**»* *(«**m'hanno invitato**»)*
*Paola dice: «Domenica **mi hanno invitata**»* *(«**m'hanno invitata**»)*

*Giovanna, **ti hanno invitato** alla festa?* *(«**t'hanno invitato**»)*
*Giovanna, **ti hanno invitata** alla festa?* *(«**t'hanno invitata**»)*

*Nessuno di loro **ci ha salutato***
*Nessuno di loro **ci ha salutati***

*Scusate se non **vi abbiamo ringraziato***
*Scusate se non **vi abbiamo ringraziati***

Esercizi

10. > *Trasformare le frasi seguenti con i pronomi diretti **mi; ti; ci; vi**.*

Es. Loro non hanno invitato te → *Loro non **ti hanno invitato (invitata)***
*Loro non **t'hanno invitato (invitata)***

1) Sandra ha preferito me per questo lavoro ....
2) Hai capito che hanno chiamato voi? ....
3) Hanno preso in giro noi per tutto il tempo ....
4) Hanno scelto te come migliore chitarrista ....
5) Qualcuno ha visto voi due insieme ....
6) Ho aspettato te per tutta la mattina ....
7) Perché hai preso in giro me? ....
8) Sai che hanno accettato noi tre nel club? ....
9) Ha messo voi in una brutta situazione ....
10) Hanno ringraziato me per l'ospitalità ....

Attenzione!

. ***Tutti i pronomi combinati***, *nei Tempi composti (Passato prossimo, Trapassato prossimo, Trapassato remoto, Futuro composto; Congiuntivo Passato e Trapassato; Condizionale composto) si devono accordare con il Participio passato.*

Di fatto, i pronomi combinati hanno le stesse regole dei pronomi diretti.

Es. Ho comprato un libro a Paolo	→	**gliel'ho comprato**
Ho comprato una penna a Paolo	→	**gliel'ho comprata**
Ho comprato dei libri a Paolo	→	**glieli ho comprati**
Ho comprato delle penne a Paolo	→	**gliele ho comprate**
Ho comprato tre libri a Paolo	→	**gliene ho comprati tre**
Ho comprato tre penne a Paolo	→	**gliene ho comprate tre**

Esercizi

11. >> *Trasformare le frasi seguenti con i pronomi combinati.*

Es. Ho scritto una lettera a mio zio → **gliel'ho scritta**

1) Lui ha raccontato una storia a noi tutti ....
2) Hai chiesto quel piacere a Lorenzo? ....
3) Avete restituito i libri alla professoressa? ....
4) Ho offerto solo alcuni biscotti agli ospiti ....
5) Abbiamo promesso a Carla di andare da lei ....
6) Perché non avete prestato i soldi a Luca? ....
7) Hai già presentato Paolo ai tuoi genitori? ....
8) Credo che abbia detto tutto a Lucia ....
9) Avevo già spiegato a te questa regola ....
10) Ho promesso a Barbara di andare con lei ....
11) Chi ha regalato quel disco a tuo fratello? ....
12) Chi ha regalato quel disco a tua sorella? ....
13) Hai dato la bella notizia agli studenti? ....
14) Ho ripetuto a Sandra che io non so niente ....
15) Avete promesso a me di stare tranquilli ....

Attenzione!

. ***I pronomi indiretti*** *nei Tempi composti (Passato prossimo, Trapassato prossimo, Trapassato remoto, Futuro composto; Congiuntivo Passato e Trapassato; Condizionale composto) hanno la terminazione del Participio passato sempre uguale al singolare maschile e non si apostrofano mai.*

Questi pronomi, dunque, non creano nessun problema!

Es. Abbiamo risposto a Mario	→	***gli*** *abbiamo* ***risposto***
Abbiamo risposto a Maria	→	***le*** *abbiamo* ***risposto***
Abbiamo risposto a Mario e Stefano	→	***gli*** *abbiamo* ***risposto***
Abbiamo risposto a Maria e Stefania	→	***gli*** *abbiamo* ***risposto***

Esercizi

12. > *Trasformare le frasi seguenti con i pronomi indiretti.*

Es. Ho raccontato una storia a Carla → ***le*** *ho* ***raccontato*** *una storia.*

1) Avete telefonato ai vostri amici? ....
2) Non ho ancora chiesto scusa a Lucia ....
3) Perché non hai parlato a Gianni e Pino? ....
4) Perché non hai parlato a Gianna e Pina? ....
5) Abbiamo spedito la lettera all'avvocato ....
6) Scriviamo una cartolina alla mamma? ....
7) Che cosa hai risposto al professore? ....
8) La tua festa è piaciuta molto a Serena ....
9) Quando hai dato la notizia a tua sorella? ....
10) A loro è dispiaciuto molto partire ....
11) Ho promesso a lei di non fumare più ....
12) Ha ordinato a loro di fare silenzio ....
13) Chi ha dato a Lei il permesso di entrare? ....
14) Che cosa avete offerto agli ospiti? ....
15) Hai restituito il golf alla tua amica? ....

● *La posizione dei pronomi*

Di solito i pronomi personali (sia soggetto, che oggetto) si mettono prima del verbo: infatti si dice «noi **lo** *prendiamo» oppure «loro* **le** *scrivono», ecc... Ma in qualche caso i pronomi stanno in una posizione diversa.*

. Con l'Infinito (semplice e composto) i pronomi si mettono alla fine, attaccati al verbo.

Es.	*È interessante l'italiano e mi piace molto* **studiarlo**.	*(Infinito semplice)*
	È stata una buona idea **avermi presentato** *Lucia.*	*(Infinito composto)*
	Laura è offesa: sarebbe meglio **telefonarle** *subito.*	*(Infinito semplice)*
	Dopo **averle telefonato**, *Laura si è subito calmata.*	*(Infinito composto)*
	Bravo, sei stato coraggioso a **dirglielo**.	*(Infinito semplice)*
	Secondo me è stato un errore **averglielo detto**.	*(Infinito composto)*

«Ho visto Matilde ieri mattina. È stato un caso fortunato **rincontrarla** *dopo tanto tempo. Siamo state in un bar e ci siamo scambiate i nostri nuovi indirizzi e numeri di telefono. Poi ci siamo messe a chiacchierare. È stato bello* **rivederla**, **parlarle**, **metterla** *al corrente di tante cose. Mi sono dimenticata di* **dirle** *che adesso ho un ragazzo. Ho deciso di* **raccontarglielo** *la prossima volta».*

. Con il Gerundio (semplice e composto) i pronomi si mettono alla fine, attaccati al verbo.

Es.	*Leggi questo libro!* **Leggendolo**, *imparerai molte cose.*	*(Gerundio semplice)*
	Conosce bene la legge, **avendola studiata** *per anni.*	*(Gerundio composto)*
	Parlandole, *ho capito che non diceva la verità.*	*(Gerundio semplice)*
	Avendole parlato *so che è una brava persona.*	*(Gerundio composto)*
	Pensi che **dicendoglielo** *risolverai il problema?*	*(Gerundio semplice)*
	Avendoglielo detto, *ho risolto il problema.*	*(Gerundio composto)*

«Perché non dici tutto a tuo marito? Sono certa che **dicendogli** *come ti è successa una cosa del genere, comprenderà. Inoltre,* **raccontandoglielo** *apprezzerà la tua sincerità e avrà più fiducia in te.»*
«Ma non pensi che non **avendoglielo detto** *subito, si arrabbierà?»*
«No. Anzi. Sono certa che **sentendoti** *dispiaciuta e pentita, si commuoverà e perdonerà ogni tuo errore.»*

. Con l'Imperativo i pronomi si mettono alla fine, attaccati al verbo, ad eccezione della forma di cortesia. Con quest'ultima, infatti, i pronomi stanno sempre prima del verbo.

Es. Alberto, prendi il giornale! ***Prendilo**!*	*(Imperativo - tu)*
Ragazzi, telefoniamo a Sergio! ***Telefoniamogli**!*	*(Imperativo - noi)*
Ragazzi, diciamo tutto a Luca! ***Diciamoglielo**!*	*(Imperativo - voi)*
Signore (Signora) prenda il giornale! ***Lo prenda**!*	*(Imperativo - Lei)*
Signori, (Signore) scrivano al direttore! ***Gli scrivano**!*	*(Imperativo - Loro)*

Ma che cosa aspetti a prendere in mano il telefono e a chiamarla? ***Fallo*** *subito!* ***Telefonale*** *immediatamente! E se non hai il coraggio, almeno* ***scrivile**! **Faglielo*** *capire quanto sei innamorato di lei!*

. Con il Participio passato assoluto i pronomi si mettono alla fine, attaccati al verbo. L'uso di questo Modo con i pronomi è poco frequente.

Es. Terminato <u>il corso</u>, tornò nel suo Paese	→	***Terminatolo**, tornò nel suo Paese*
Telefonato <u>a Sandra</u>, si sentì sollevato	→	***Telefonatole**, si sentì sollevato*
Detto <u>tutto</u> <u>a Patrizio</u>, chiarì la situazione	→	***Dettoglielo**, chiarì la situazione*

. Con i verbi servili (o modali) «potere», «dovere» e «volere» i pronomi si possono mettere prima o dopo il gruppo verbale, senza cambiamento di significato.

Es. Paola, ***ti posso fare*** *una domanda?*	→	*Paola,* ***posso farti*** *una domanda?*
Lui è in difficoltà e ***lo devo aiutare**.*	→	*Lui è in difficoltà e* ***devo aiutarlo**.*
Luca è in città e ***lo voglio vedere***	→	*Luca è in città e* ***voglio vederlo**.*

Attenzione ai tempi composti!

Abbiamo dovuto prendere <u>la medicina</u>	→	***l'abbiamo dovut<u>a</u>*** *prendere* ***abbiamo dovuto*** *prender**la***
Abbiamo dovuto prendere <u>le medicine</u>	→	***le abbiamo dovut<u>e</u>*** *prendere* ***abbiamo dovuto*** *prender**le***

«Lucia, ***posso dirti*** *una cosa?* ***Devo farti*** *una confessione.* ***Te la devo fare**, perché è da troppo tempo che ci penso e non* ***mi posso*** *più* ***trattenere**. Ricordi Cesare? Beh,* ***gli ho dovuto raccontare*** *tutta la storia che mi avevi detto.* ***Gliel'ho voluta raccontare**, perché mi sembrava giusto che anche lui la sapesse».*

- *La forma di cortesia*

*In Italiano la forma di cortesia singolare si fa con la terza persona femminile: per i pronomi diretti «**La**» e per i pronomi indiretti «**Le**».*
*La forma di cortesia plurale si fa invece con il pronome «**Loro**» (diretto e indiretto), l'unico pronome italiano che si mette sempre alla fine del verbo o del gruppo verbale, o con il pronome «**Vi**», molto più usato, sia nella lingua scritta, che nella lingua parlata.*

Es. Signor Perini, ***La*** *chiamerò stasera.* → *pronome diretto maschile singolare*
Signora Perini, ***La*** *chiamerò stasera.* → *pronome diretto femminile singolare*

Signor Perini, ***Le*** *telefonerò stasera.* → *pronome indiretto maschile singolare*
Signora Perini, ***Le*** *telefonerò stasera.* → *pronome indiretto femminile singolare*

Signori, ***Vi*** *chiamerò stasera* → *pronome diretto maschile plurale*
(Signori, chiamerò ***Loro*** *stasera)*
Signore, ***Vi*** *chiamerò stasera* → *pronome diretto femminile plurale*
(Signore, chiamerò ***Loro*** *stasera)*

Signori, ***Vi*** *telefonerò stasera* → *pronome indiretto maschile plurale*
(Signori, telefonerò ***Loro*** *stasera)*
Signore, ***Vi*** *telefonerò stasera* → *pronome indiretto femminile plurale*
(Signore, telefonerò ***Loro*** *stasera)*

- *Forma atona e forma tonica*

«Paolo mi vuole invitare, non ti vuole invitare!» *(pronome diretto/forma atona)*
«Paolo vuole invitare me, non te!» *(pronome diretto/forma tonica)*

«Paolo mi vuole scrivere, non ti vuole scrivere!» *(pronome indiretto/forma atona)*
«Paolo vuole scrivere a me, non a te!» *(pronome indiretto/forma tonica)*

Queste due coppie di frasi vogliono dire praticamente la stessa cosa, ma la forma tonica («me», «te», «a me», «a te») è più forte: vuole esprimere con maggiore chiarezza e determinazione l'oggetto.

Le forme toniche dirette sono: me, te, lui, lei, Lei, noi, voi, loro, Loro.
Le forme toniche indirette sono: a me, a te, a lui, a lei, a Lei, a noi, a voi, a loro, a Loro.

Es. Ma per quale ragione Stefania ha chiesto proprio ***a te*** *questo favore?*
Per fare questo lavoro difficile e impegnativo non voglio ***lui****, voglio* ***te****!*
A chi telefonate domani, ***a me*** *o* ***a loro****? Forse è meglio se telefonate* ***a lei****.*
Ma quando capirai finalmente che Giovanna ama ***te*** *e non* ***lui****?*

● *il «ne» partitivo*

Il «ne» partitivo è una variante del pronome diretto. Questo pronome indica una quantità, una parte del totale; si usa quando nella frase abbiamo parole che indicano una quantità (molto, poco, abbastanza, ecc...) o un numero (due, tre, dieci, ecc...).
È necessario usarlo anche quando vogliamo indicare una quantità nulla (per niente, nessuno, affatto, ecc...).

Il «ne» partitivo ha le stesse regole dei pronomi diretti, ma dobbiamo ricordarci di non apostrofarlo mai.

Es. Mangi tutto quel pane?
*Sì, **lo** mangio tutto* — *No, **ne** mangio un po'* — *No, non **ne** mangio affatto*

Mangi tutta quella pasta?
*Sì, **la** mangio tutta.* — *No, **ne** mangio un po'* — *No, non **ne** mangio affatto*

Mangi tutti quei panini?
*Sì, **li** mangio tutti.* — *No, **ne** mangio alcuni* — *No, non **ne** mangio nessuno*

Mangi tutte quelle mele?
*Sì, **le** mangio tutte* — *No, **ne** mangio alcune* — *No, non **ne** mangio nessuna*

● *I pronomi diretti «lo», «la», «li» e «le» usati con il verbo «avere»*

Quando usiamo i pronomi diretti «lo», «la», «li» e «le» insieme al verbo «avere» (usato non come verbo ausiliare) dobbiamo ricordarci di mettere la particella «ce» prima del pronome.

*Es. Gianni, hai una caramella, per favore? Certo che **ce l'ho**!*
*Gianni, hai delle caramelle, per favore? Certo che **ce le ho**!*

*Chi ha il giornale di stamattina? **Ce l'ha** il professor Magni.*
*Chi ha i giornali di stamattina? **Ce li ha** il professor Magni.*

Esercizi

13. > *Inserire nelle frasi seguenti il giusto pronome diretto.*
(Tempi semplici)

Es. Da quanto tempo studi l'italiano? ..... studio da tre mesi.
Da quanto tempo studi l'italiano? ***lo*** *studio da tre mesi.*
Quante lingue conosci? ..... conosco quattro.
Quante lingue conosci? ***Ne*** *conosco quattro.*

1) Mi piacciono molto le verdure e .... mangio quasi tutti i giorni.
2) Signor Bellini, ... ringrazio tanto per la sua gentilezza.
3) Non mi piace questo libro e dunque non .... comprerò.
4) Prima di stasera non avevo mai visto tua madre: non .... conoscevo.
5) Da quanto tempo non vedi Stefano? Non .... vedo da una settimana.
6) Per favore, mamma, ... accompagni in macchina? Sono in ritardo.
7) Letizia, ... prego di comportarti meglio la prossima volta.
8) Ragazzi, avete l'invito per questa festa? Certo che .... abbiamo!
9) Quanti dischi possiede Leonardo? .... possiede molti, più di mille.
10) Dove metti tutti quei vestiti? .... metterò in valigia.

14. > *Inserire nelle frasi seguenti il giusto pronome indiretto.*
(Tempi semplici)

Es. Che cosa racconti a Gloria? ..... racconto una storia.
Che cosa racconti a Gloria? ***Le*** *racconto una storia.*

1) Quando scriverai a Luigi? .... scriverò appena avrò un po' di tempo.
2) Luciano, ... piacerebbe venire domani pomeriggio con noi?
3) Sandra è arrabbiata con me, perché non .... telefono da molti giorni.
4) Ragazzi, ... interessa vedere questo film? Sì, ... interessa molto.
5) Scusi signora, ... dispiace se fumo un sigaro? Sì, ... dà fastidio.
6) Stasera vedrò Angela e Paola e .... chiederò tutte le spiegazioni.
7) È inutile insistere. Non .... presterò mai quel disco. Hai capito?
8) Luciano è comprensivo. Se .... spieghi il problema, capirà certamente.
9) .... dispiace molto, ma non possiamo mantenere la nostra promessa.
10) Lui è uno spendaccione: i soldi che ha in tasca non .... bastano mai.

Esercizi

15. >> *Inserire nelle frasi seguenti il giusto pronome diretto. (Tempi composti)*

Es. Dove hai studiato l'italiano? ..... ho studiat... a Firenze.
Dove hai studiato l'italiano? ***l****'ho studiat***o** *a Firenze.*

Hai spedito la lettera? Sì, ... ho spedit... ieri sera.
Hai spedito la lettera? Sì, ***l****'ho spedit***a** *ieri sera.*

1) Ragazzi, avete finito i compiti che vi ho dato? Sì, ... abbiamo appena finit... 2) Dove hai messo i miei occhiali da sole? ... ho mess... nel cassetto. 3) Signor Gino, ha sentito la notizia? Sì, ... hanno trasmess... alla radio. 4) Ho comprato una bellissima torta e ... ho mangiat... tutta da solo! 5) Ho comprato una bella torta e ... ho mangiat... solo la metà. 6) Quando avete fatto quella lunga telefonata? ... abbiamo fatt... ieri pomeriggio in ufficio. 7) Eravamo certi che voi ... avreste invitat... e siamo felici di essere qui. 8) Marcello aveva promesso di venire ieri sera a cena, ma non ... ha fatt... 9) Dove hai comprato questi orecchini? ... ho comprat... al mercato. 10) Ho giocato bene la partita, ma ... ho pers... ugualmente. 11) Angela era molto stanca e quindi non ... abbiamo svegliat... 12) Questo museo è grande, ma noi ... abbiamo visitat... tutto. 13) Di chi è questo ombrello? Credo che ... abbia lasciat... qui Aldo. 14) Domenico era a piedi e quindi ... ho accompagnat... io in macchina. 15) Dov'è la macchina? ... ho parcheggiat... in fondo alla strada. 16) Quando hai conosciuto Anna e Piero? ... ho conosciut... due anni fa. 17) Bello il film di stasera! Non ... avevo mai vist... prima d'ora. 18) Ho scritto almeno trenta cartoline, ma non ... ho spedit... nessuna. 19) Guarda che io una cosa del genere non ... avrei fatt... mai! 20) Non sapevo che eri in difficoltà. ... avrei aiutat..., se ... avessi saput... 21) Hai visto che bella la mia moto nuova? ... ho appena comprat... 22) Mi hai rovinato la festa e sono certa che ...hai fatt... apposta. 23) Avete ricevuto la nostra lettera? Sì, ... abbiamo avut... proprio ieri. 24) Carla, ma come, un'altra sigaretta? ... avevi appena spent... una! 25) Stefania, ... ho pregat... tante volte di chiamarmi quando hai bisogno.

Esercizi

16. >> *Inserire nelle frasi seguenti il giusto pronome, scegliendo fra pronomi diretti e indiretti.*
(Tempi semplici)

Es. Dove parcheggi la macchina? ..... parcheggerò laggiù.
Dove parcheggi la macchina? ***La*** *parcheggerò laggiù.*

Quando risponderai a tuo padre? ..... risponderò domani.
Quando risponderai a tuo padre? ***Gli*** *risponderò domani.*

1) Giovanni, ... dispiacerebbe spiegarmi che cosa è successo ieri pomeriggio? 2) D'accordo signor Pagni, ... aspetterò nel mio ufficio dopo le tre. 3) Che cosa scrivi a tua madre? .... scrivo che sto bene qui in Italia. 4) Quante lingue conosci? .... conosco e .... parlo bene quattro. 5) Non ho mai visto questo signore di cui parlate: .... conoscerò domani. 6) Piero, sai a che ora parte il treno per Napoli? No, non .... so. 7) Luca e Stefano lavorano vicino a casa mia. Infatti .... incontro spesso. 8) Signor direttore, ... prometto che da domani sarò sempre puntuale! 9) Io amo mia moglie e sono certo che anche lei .... ama. 10) Alfonso, ... prego! Non cominciare con i soliti discorsi! 11) I libri mi piacciono molto: .... leggo almeno uno alla settimana. 12) Quando ti deciderai a chiamare Lucia? .... chiamerò domani. 13) Perché studi l'italiano? .... studio perché .... piace molto. 14) Signora, ... serve altro? No, grazie, non .... occorre nient'altro. 15) Non capimmo subito il problema: .... capimmo solo in seguito. 16) Vedrai Piero domani? Non .... vedrò, ma .... telefonerò certamente. 17) Quante sigarette fumavi prima? .... fumavo più di venti al giorno. 18) Carla, mi pare che tu non abbia capito e .... ripeterò la domanda. 19) Signore, mi pare che Lei non abbia capito e .... ripeterò la domanda. 20) Ma dov'è finito Stefano? Sono almeno due ore che .... cerco. 21) Se vedi Luca, ... dici che mi deve ancora restituire un sacco di soldi? 22) Sai che mi sposo domani? No, non .... sapevo. .... so solo adesso.

Esercizi

17. >>> *Inserire nelle frasi seguenti il giusto pronome, scegliendo fra pronomi diretti e indiretti.*
(Tempi composti)

Es. Appena ho visto quei pantaloni, subito ..... ho comprat...
Appena ho visto quei pantaloni, subito ***li*** *ho comprat****i****.*

Non ho visto Lucia e quindi ..... ho telefonat...
Non ho visto Lucia e quindi ***le*** *ho telefonat****o****.*

1) Hai scritto ai tuoi amici tedeschi? Sì, ... ho scritt... proprio ieri sera e ..... ho dett... che ho tanta voglia di vederli.
2) Hai invitato Pasquale alla festa di giovedì? Ma certo che ..... ho invitat... !
3) Hai visto quelle due ragazze? Sì, ... ho notat... appena sono entrate.
4) Monica non capisce bene l'italiano e quindi ..... ho spiegat... i dialoghi più difficili del film che abbiamo visto insieme.
5) Signora, ... è dispiaciut... non partecipare alla gita di domenica?
6) Perché hai parcheggiato la macchina così lontano? Perché non ..... hai mess... nel parcheggio vicino a casa?
7) Quante sigarette hai fumato stasera? Non ..... ho fumat... neanche una! Luigi mi ha chiesto se volevo fumare, ma io non ..... ho fatt... .
8) La settimana scorsa abbiamo visto Maria, ma non ..... abbiamo salutat... perché eravamo troppo di fretta. Così ieri ..... abbiamo telefonat... e ..... abbiamo dett... che ci farebbe piacere cenare con lei una di queste sere.
9) Avvocato, i suoi clienti ..... hanno cercat... per tutto il giorno. Ma si può sapere dove è stato?
10) Signora, non ..... ho potut... invitare (non ho potut... invitar...) perché la festa non era organizzata da me.
11) Signora, ... ho dovut... chiamare (ho dovut... chiamar...), perché ho bisogno del Suo aiuto.
12) Domani accompagno mia sorella al mare: ..... ho promess... che passeremo tutta la giornata sulla spiaggia.

Esercizi

18. >>> *Inserire nelle frasi seguenti il giusto pronome, scegliendo fra pronomi diretti e indiretti.*
(Tempi semplici e composti)

Es. La macchina era sporca e ..... ho lavat...
La macchina era sporca e ***l'****ho lavat****a****.*

Ho incontrato Carla e ..... ho raccontat... tutto.
Ho incontrato Carla e ***le*** *ho raccontat****o*** *tutto.*

1) Sei proprio uno spendaccione. Ieri hai ritirato in banca 1.000 Euro e oggi ..... hai già spes... tutti.
2) Sai quante opere ha realizzato questo giovane artista? Non sono molto sicura, ma credo che non ..... abbia realizzat... molte.
3) Che cosa hai detto a Stefania ieri? ..... ho dett... che non ..... posso più prestare (non posso più prestar...) il mio motorino.
4) Dove hai comprato questi vecchi dischi di musica classica? Non ..... ho comprat..., ... ho ereditati da mio zio, che era un appassionato di musica.
5) Nonno, si può sapere quante volte hai raccontato questa storia? Ma che cosa dici? È la prima volta che ..... racconto. Non ..... ho mai raccontat... prima d'ora!
6) Ieri in un negozio ho visto una bellissima gonna, ma non ..... ho potut... comprare (non ho potut... comprar.....) perché non c'era la mia misura.
7) Non ti preoccupare di quello che potrebbe pensare Lisa. ..... ho parlat... io stamattina e mi sembra che abbia capito benissimo la situazione.
8) Ho già comprato le cartoline, ma non ..... ho ancora spedit... . Forse ..... farò domani.
9) Ma Carlo, perché ..... hai telefonat... così presto? Lo sai che stavo ancora dormendo? Che cosa ..... vuoi dire (vuoi dir.....)?
10) Mi scusi signore, chi ..... ha dat... il permesso di parcheggiare qui?
11) Hai ancora un po' di cioccolata? No, mi dispiace ma ..... ho finit... .
12) Perché hai buttato via quelle scarpe quasi nuove? ..... ho fatt... perché non ..... piacevano più e poi ..... facevano male ai piedi.

Esercizi

19. >>> *Inserire nelle frasi seguenti il giusto pronome, scegliendo fra pronomi diretti e indiretti.*
(Tempi semplici e composti)

Es. La macchina era sporca e ..... ho lavat...
La macchina era sporca e ***l'****ho lavat****a****.*

Ho incontrato Carla e ..... ho raccontat... tutto.
Ho incontrato Carla e ***le*** *ho raccontat****o*** *tutto.*

1) Paolo, quante volte ..... devo dire (devo dir.....) che devi spegnere sempre la luce prima di uscire? ..... dispiace, mamma. .....ho dimenticat..., ma non ..... ho fatt... apposta.
2) Dottore, ... scusi se ..... disturbo, ma ..... vorrei presentare mia moglie, che è tanto ansiosa di fare la Sua conoscenza.
3) Nonno, quanti sigari hai fumato oggi? Non ..... ho fumat... nessuno. ..... giuro! Fumare non ..... interessa più: preferisco andare a passeggiare.
4) Signor Baroni, come ..... sembra questo ristorante? ..... piace? ..... interessa assaggiare qualcosa di speciale? Se vuole, ... posso aiutare (posso aiutar.....) io a scegliere un piatto particolare.
5) Quante lingue hai studiato a scuola? ..... ho studiat... tre, ma ..... parlo solo due, perché la terza ..... ho dimenticat... .
6) Signora, ... prego! Non ..... faccia perdere la pazienza! ..... ho già dett... che non si può entrare senza permesso!
7) Abbiamo capito subito che tipo era quello lì. ..... è bastat... guardare il suo modo di comportarsi per comprendere che è un maleducato.
8) Cara Giovanna, da molto tempo non ..... scrivo. Ma voglio dir... (..... voglio dire) che in questi anni ..... ho pensat... molto.
9) Hai notato quella bella villa che si trova all'inizio del viale? Sì, ... ho vist... . So anche chi è il proprietario: ..... ho conosciut... un anno fa a casa di Aldo. ..... ho anche chiesto se voleva vender... (..... voleva vendere), ma ..... ha rispost... di no.
10) Il nostro presidente ha letto il contratto, ma ha deciso che non ..... firmerà, perché ci sono alcuni punti che non ..... sono piaciut... .

Esercizi

20. >> *Inserire nelle frasi seguenti il giusto pronome combinato. (Tempi semplici)*

Es. Quando dirai a Luciano tutta la storia? .... racconterò domani.
***Gliela** racconterò domani.*

1) Allora, Gianni, ... ripeto per l'ultima volta! Non ho mai conosciuto quell'uomo! Quante volte devo dir....... (....... devo dire)?
2) Hai già dato la bella notizia a Beatrice? Non ancora, ... darò domani mattina. Ma tu non raccontarle niente prima. .... prometti?
3) Eleonora, ... dicevo io che non dovevi fidarti di quell'uomo! È un mascalzone! Voglio che tu non lo veda più. .... assicuri?
4) Ti piace quel ragazzo? Se vuoi posso far....... conoscere (...... posso far conoscere). Oltre che bello è anche molto simpatico.
5) Signora, se non ha capito bene la domanda .... dica e io .... ripeterò una seconda volta in modo più chiaro.
6) Quando restituirai i soldi a tuo padre? .... renderò quando .... chiederà e spero che non lo faccia molto presto!
7) Ma tu permetti a tuo figlio di stare tutte quelle ore davanti alla TV? Certo che no! Non .... permetto assolutamente!
8) Puoi chiedere a Silvana se è disposta a farmi un piacere? Certo! Ma perché non .... chiedi tu personalmente?
9) Dottore, Le piacciono questi dolci? .... posso offrire (posso offrir.......) qualcuno? Signora, sono così buoni che .... porterei tutti a casa!
10) Ho scritto una lettera a zia Carmela. Se passi dall'ufficio postale, ... imbuchi, per favore? Certo, ... imbucherò senz'altro.
11) Questo videogioco è davvero bello. Puoi prestar....... (....... puoi prestare) qualche volta?
12) Signor Belli, quando saranno pronti i risultati degli esami clinici .... spedirò a casa. Li riceverà al più presto. .... prometto.
13) Non capisco niente di quello che c'è scritto in questa lettera. .... puoi tradurre (puoi tradur.......) tu, per favore?

Esercizi

21. >> *Inserire nelle frasi seguenti il giusto pronome combinato. (Tempi composti)*

Es. Gianni aveva dimenticato il suo libro e io .... ho portat...
*Gianni aveva dimenticato il suo libro e io **gliel**'ho portat**o**.*

1) Sandra mi ha pregato di non raccontare a nessuno quello che è succcesso e io .... ho promess... .
2) Luciano, per favore, mi dici il tuo nuovo numero di telefono? Ma .... ho già dat... ieri. Non ti ricordi?
3) Ragazzi, ... ho già ripetut... almeno dieci volte. Non voglio che usciate di classe senza il permesso!
4) Signor Bernini, questa bella penna stilografica che sta usando .... ho prestat... io due settimane fa e Lei non .... ha ancora restituit... !
5) Carlo non conosceva questa storia e quindi .... ho raccontat... .
6) Chi ha permesso al cane di salire sul divano? .... abbiamo permess... noi, babbo. Ti dispiace?
7) Ma si può sapere quanti soldi hai prestato a Gianni? .... ho prestat... troppi, ma lui .... aveva chiest... molti di più.
8) Alessandra non ha capito niente di quello che ho detto e quindi .... ho dovut... ripetere (ho dovuto ripeter.......).
9) Siccome i nostri amici non conoscevano la strada per arrivare a casa, ... abbiamo indicat... su un foglietto.
10) Dottore, ... ho dett... che non mi piace prendere tante medicine e Lei .... ha prescritt... almeno una decina!
11) Hai fatto un bel regalo di compleanno a tua moglie? No, non .... ho ancora comprat... . Ma perché non .... hai ricordat... prima?
12) Ragazzi, ... ho dett... e .... ho ripetut... tante volte: dovete fare silenzio quando vi trovate in una biblioteca!
13) Se sapessi quante lettere ho già scritto a Francesco! .... ho scritt... già una decina e lui non mi ha mai risposto.
14) Non hai ancora capito? Eppure .... ho spiegat... ieri cosa devi fare.

Esercizi

22. >>> *Inserire nelle frasi seguenti i giusti pronomi, scegliendo fra diretti, indiretti e combinati.*
(Tutti i Tempi e i Modi)

Es. Ieri ho visto Anna e ..... ho dett... che ..... deve invitare alla sua festa di compleanno, perché anch'io ..... ho invitat... l'anno scorso alla mia.

*Ieri ho visto Anna e **le** ho dett**o** che **mi** deve invitare alla sua festa di compleanno, perché anch'io **l'**ho invitat**a** l'anno scorso alla mia.*

1) La settimana scorsa ho incontrato Roberta al supermercato. .... ho salutat... e .... ho dett... che ero in partenza per le vacanze. Lei .... ha fatt... gli auguri e io .... ho dat... l'indirizzo e il numero di telefono della nostra casa di campagna. Così .... potrà telefonare quando vuole.

2) Mi scusi, signora, ... vorrei fare una domanda. Vede, è da un po' che .... osservo e ancora non ho capito che cosa ci fa una signora come Lei in un posto come questo. Allora, ... potrebbe togliere questa curiosità?

3) Alle sette Anna stava ancora dormendo, ma io .... ho volut... svegliare (ho volut... svegliar...) perché era in ritardo all'appuntamento.

4) Vedi quel foglio di carta? Prendi... e usa... per scrivere una bella lettera alla tua fidanzata! Sono due settimane che non .... scrivi! Scrivi... subito!

5) Dopo aver... dett... quello che pensavamo di lui, siamo andati via sbattendo la porta. Poi lui .... ha telefonat... e .... ha chiest... di perdonar... e noi .... abbiamo fatt... con piacere.

6) Signor Giuliani, ... è piaciut... la cena? Sì, grazie, ... ho gradit... molto. Anzi, vorrei fare i miei complimenti alla cuoca e ringraziar... a nome mio e degli altri ospiti.

7) Paolo, hai riportato il libro in biblioteca? Guarda che se .... hai pers... e non .... restituisci, ... faranno pagare! Non avere paura! Non .... ho pers... . ... riporterò domani mattina.

8) Non presterò più soldi a Vincenzo. .... ho dat... anche troppi e adesso sono stanco! .... deve restituire più di 500 Euro e ancora non .... ha fatt... . Ormai ho perso la pazienza!

Esercizi

23. >>> *Inserire nelle frasi seguenti i giusti pronomi, scegliendo fra diretti, indiretti e combinati.*
(Tutti i Tempi e i Modi)

Es. Ieri ho visto Anna e ..... ho dett... che ..... deve invitare alla sua festa di compleanno, perché anch'io ..... ho invitat... l'anno scorso alla mia.

Ieri ho visto Anna e ***le*** *ho dett****o*** *che* ***mi*** *deve invitare alla sua festa di compleanno, perché anch'io* ***l'****ho invitat****a*** *l'anno scorso alla mia.*

1) Questo libro .... ha aiutat... molto, poiché leggendo... ho capito perché facevo tanti errori in italiano. Così, ... ho consigliat... a tutti i miei amici, che .... hanno comprat... .
2) Carlo ha avuto un piccolo incidente con la moto. .... sapevo che prima o poi sarebbe successo. .... ho dett... tante volte che non deve correre in quel modo, ma lui non .... ascolta mai.
3) .... dispiace, ma domani non posso venire con voi. Devo andare dai miei genitori: .... ho promess... e non posso certo telefonar....... all'ultimo momento per dir....... che non ci vado.
4) Ti fanno gola i miei panini, vero? Se vuoi .... preparo uno con salame, mostarda e cetriolini. .... vuoi? No, grazie. Quel panino .... ho già assaggiat... una volta e .... ha fatt... star male per tutta la notte.
5) Il testimone dice di non aver visto bene in faccia la donna, ma di aver..... solo intravista. Inoltre non c'era molta luce e dunque non .... ha potut... identificare con certezza.
6) Come? Non hai ancora finito il lavoro che .... avevo dat...? Finisci... al più presto! Sono almeno dieci giorni che .... sto aspettando.
7) .... ho già raccontat... quella barzelletta dell'elefante e del topolino? Nooo? Allora .... racconto subito! Ma davvero non .... hai mai sentit...? È molto divertente e sono certo che .... piacerà.
8) Conosci il signor Bertani? No, non .... ho mai vist..., ma spero di incontrar....... la prossima settimana in occasione della riunione. E tu .... conosci? È simpatico? Ma insomma, ... vuoi rispondere?

Test 1 >

Scegliere la frase giusta fra quelle proposte.

1. a. Parla l'italiano? Sì, gli parlo abbastanza bene. ☐
   b. Parla l'italiano? Sì, lo parlo abbastanza bene. ☐

2. a. Quando mi telefonerà? La telefonerò domani, signora. ☐
   b. Quando mi telefonerà? Le telefonerò domani, signora. ☐

3. a. Quando vedi Patrizia, dille che aspetto sue notizie. ☐
   b. Quando vedi Patrizia, dilla che aspetto sue notizie. ☐

4. a. Che cosa dirai a Pino e Aldo? Dirò loro che hanno ragione. ☐
   b. Che cosa dirai a Pino e Aldo? Loro dirò che hanno ragione. ☐

5. a. Che cosa risponderai alle ragazze? Non le risponderò niente. ☐
   b. Che cosa risponderai alle ragazze? Non gli risponderò niente. ☐

6. a. Puoi mi dire perché ti comporti sempre così? ☐
   b. Puoi dirmi perché ti comporti sempre così? ☐

7. a. Quando finirai gli esami? Li finirò la prossima settimana. ☐
   b. Quando finirai gli esami? Gli finirò la prossima settimana. ☐

8. a. Le piace il vino rosso? Certo, mi piace molto. ☐
   b. Le piace il vino rosso? Certo, me lo piace molto. ☐

9. a. Hai letto questo libro? No, non ne ho mai letto. ☐
   b. Hai letto questo libro? No, non l'ho mai letto. ☐

10. a. Ho visto il direttore e gli ho chiesto scusa. ☐
    b. Ho visto il direttore e Le ho chiesto scusa. ☐

11. a. Ti piace la pasta? Sì, la mangio molta. ☐
    b. Ti piace la pasta? Sì, ne mangio molta. ☐

12. a. Ti piace la pasta? Sì, ne mangio molte volte. ☐
    b. Ti piace la pasta? Sì, la mangio molte volte. ☐

13. a. Signor Anselmi, Gli posso parlare un momento? ☐
b. Signor Anselmi, Le posso parlare un momento? ☐

14. a. Hai già scritto alla zia? Certo che le ho scritta! ☐
b. Hai già scritto alla zia? Certo che le ho scritto! ☐

15. a. Avete il biglietto per entrare? Certo che l'abbiamo! ☐
b. Avete il biglietto per entrare? Certo che ce l'abbiamo! ☐

16. a. Vorrei ti spiegare un mio problema personale. ☐
b. Vorrei spiegarti un mio problema personale. ☐

17. a. Luca non ha capito e quindi glielo spiego ancora. ☐
b. Luca non ha capito e quindi glilo spiego ancora. ☐

18. a. Marianna, chi ti ha telefonata ieri mattina alle otto? ☐
b. Marianna, chi ti ha telefonato ieri mattina alle otto? ☐

19. a. Allora, me lo vuoi dire o no che cosa è successo? ☐
b. Allora, melo vuoi dire o no che cosa è successo? ☐

20. a. Signora, La prego di rispondere a un'altra domanda. ☐
b. Signora, Le prego di rispondere a un'altra domanda. ☐

21. a. Chi darà questa notizia a Clara? Le la daremo noi. ☐
b. Chi darà questa notizia a Clara? Gliela daremo noi. ☐

22. a. Mi piace molto questo quadro. Mi l'ha regalato mia nonna. ☐
b. Mi piace molto questo quadro. Me l'ha regalato mia nonna. ☐

23. a. Hai parlato con Francesca? Sì, le ho parlato per telefono. ☐
b. Hai parlato con Francesca? Sì, le ho parlata per telefono. ☐

24. a. Mi sente, signora? Se non ha capito, Le lo ripeto ancora. ☐
b. Mi sente, signora? Se non ha capito, Glielo ripeto ancora. ☐

25. a. Come potete mi capire, se non fate la minima attenzione? ☐
b. Come mi potete capire, se non fate la minima attenzione? ☐

26. a. Signori, Li vorrei invitare alla cena di benvenuto. ☐
b. Signori, vorrei invitare Loro alla cena di benvenuto. ☐

Test 2 >>

Scegliere la frase giusta fra quelle proposte.

1. a. Signora, Gliel'avevo detto che non potevamo aiutarLa. ☐
   b. Signora, Le l'avevo detto che non potevamo aiutarLe. ☐
   c. Signora, Glil'avevo detto che non potevamo aiutarLa. ☐

2. a. Gianna mi ha chiesto un piacere, ma io non l'ho potuta aiutare. ☐
   b. Gianna mi ha chiesto un piacere, ma io non le ho potuto aiutare. ☐
   c. Gianna mi ha chiesto un piacere, ma io non l'ho potuto aiutare. ☐

3. a. Avendo vistolo tante volte, l'ho subito riconosciuto. ☐
   b. Lo avendo visto tante volte, l'ho subito riconosciuto. ☐
   c. Avendolo visto tante volte, l'ho subito riconosciuto. ☐

4. a. Non ti preoccupare, Leonardo e dimi che cosa non va. ☐
   b. Non ti preoccupare, Leonardo e dimmi che cosa non va. ☐
   c. Non ti preoccupare, Leonardo e mi dici che cosa non va. ☐

5. a. Mi piaceva molto quel vino e n'ho bevuto troppo. ☐
   b. Mi piaceva molto quel vino e l'ho bevuto troppo. ☐
   c. Mi piaceva molto quel vino e ne ho bevuto troppo. ☐

6. a. Ho incontrato Paola e l'ho chiesta se veniva con noi. ☐
   b. Ho incontrato Paola e l'ho chiesto se veniva con noi. ☐
   c. Ho incontrato Paola e le ho chiesto se veniva con noi. ☐

7. a. Hai telefonato al dottor Sereni? Sì, gli ho telefonato ieri. ☐
   b. Hai telefonato al dottor Sereni? Sì, Gli ho telefonato ieri. ☐
   c. Hai telefonato al dottor Sereni? Sì l'ho telefonato ieri. ☐

8. a. Signore, La posso chiedere un piccolo favore? ☐
   b. Signore, Gli posso chiedere un piccolo favore? ☐
   c. Signore, Le posso chiedere un piccolo favore? ☐

9. a. Sai che Adriana ha deciso di raccontarci tutto? ☐
   b. Sai che Adriana ha deciso di ci raccontare tutto? ☐
   c. Sai che Adriana ci ha deciso di raccontare tutto? ☐

10. a. L'avevo avvertita, signor Bruni, con noi non si scherza! ☐
b. Le avevo avverito, signor Bruni, con noi non si scherza! ☐
c. L'avevo avvertito, signor Bruni, con noi non si scherza! ☐

11. a. Antonio, mi restituisci subito tutte le mie lettere! ☐
b. Antonio, restituisci mi subito tutte le mie lettere! ☐
c. Antonio, restituiscimi subito tutte le mie lettere! ☐

12. a. Hai comprato i libri a Piero? Certo che gliel'ho comprati! ☐
b. Hai comprato i libri a Piero? Certo che glieli ho comprati! ☐
c. Hai comprato i libri a Piero? Certo che gliel'ho comprato! ☐

13. a. Lei mi ha chiesto un'informazione e io le ho risposto subito. ☐
b. Lei mi ha chiesto un'informazione e io le ho risposta subito. ☐
c. Lei mi ha chiesto un'informazione e io l'ho risposta subito. ☐

14. a. Hai corretto i compiti? No, non l'ho ancora corretti. ☐
b. Hai corretto i compiti? No, non li ho ancora corretto. ☐
c. Hai corretto i compiti? No, non li ho ancora corretti. ☐

15. a. Carlo ancora non sa niente. Diciamogli subito! ☐
b. Carlo ancora non sa niente. Diciamoglielo subito! ☐
c. Carlo ancora non sa niente. Diciamogli lo subito! ☐

16. a. Hai pagato le bollette? Le ho dovute pagare per forza! ☐
b. Hai pagato le bollette? L'ho dovute pagare per forza! ☐
c. Hai pagato le bollette? Ho dovute pagarle per forza! ☐

17. a. Piace il pesce a Sua moglie? Sì, glielo piace molto. ☐
b. Piace il pesce a Sua moglie? Sì, le lo piace molto. ☐
c. Piace il pesce a Sua moglie? Sì, le piace molto. ☐

18. a. Dici che non ti scrivo? Ma se ti ho scritto almeno dieci lettere! ☐
b. Dici che non ti scrivo? Ma se te l'ho scritte almeno dieci lettere! ☐
c. Dici che non ti scrivo? Ma se te le ho scritte almeno dieci lettere! ☐

19. a. Posso permettermi di invitarLo, signor direttore? ☐
b. Posso permettermi di invitarLe, signor direttore? ☐
c. Posso permettermi di invitarLa, signor direttore? ☐

20. a. Lucia, come ti è sembrata questo spettacolo di danza? ☐
b. Lucia, come ti è sembrato questo spettacolo di danza? ☐
c. Lucia, come te lo è sembrato questo spettacolo di danza? ☐

Test 3 >>>

Scegliere la frase giusta fra quelle proposte.

1. a. Mi scusi, l'ho fatta male? ☐
   b. Scusami, Le ho fatto male? ☐
   c. Mi scusi, L'ho fatto male? ☐
   d. Mi scusi, Le ho fatto male? ☐

2. a. Sa dire mi dov'è la stazione centrale? ☐
   b. Sa dirmi dov'è la stazione centrale? ☐
   c. Sa mi dire dov'è la stazione centrale? ☐
   d. Me lo sa dire dov'è la stazione centrale? ☐

3. a. Carla non sa ancora niente? Allora telefonagli subito! ☐
   b. Carla non sa ancora niente? Allora telefonala subito! ☐
   c. Carla non sa ancora niente? Allora telefonale subito! ☐
   d. Carla non sa ancora niente? Allora telefonagliela subito! ☐

4. a. Avete i biglietti per entrare? Ce l'abbiamo. Eccoli! ☐
   b. Avete i biglietti per entrare? L'abbiamo. Eccoli! ☐
   c. Avete i biglietti per entrare? Celi abbiamo. Eccoli! ☐
   d. Avete i biglietti per entrare? Ce li abbiamo. Eccoli! ☐

5. a. Dici che è vera questa storia? Certo che la è. ☐
   b. Dici che è vera questa storia? Certo che lo è. ☐
   c. Dici che è vera questa storia? Certo che l'è. ☐
   d. Dici che è vera questa storia? Certo che è. ☐

6. a. A che ora posso chiamarLa? Mi chiami all'ora di cena. ☐
   b. A che ora posso La chiamare? Mi chiami all'ora di cena. ☐
   c. A che ora posso chiamarLe? Mi chiami all'ora di cena. ☐
   d. A che ora La posso chiamare? Me lo chiami all'ora di cena. ☐

7. a. Hai avvertito Viviana? Sì, le ho chiamato e le ho detto tutto. ☐
   b. Hai avvertito Viviana? Sì, le ho chiamata e le ho detto tutto. ☐
   c. Hai avvertito Viviana? Sì, l'ho chiamata e l'ho detta tutto. ☐
   d. Hai avvertito Viviana? Sì, l'ho chiamata e le ho detto tutto. ☐

8. a. Dopo avergli detto che cosa è successo, me lo sento meglio. ☐
   b. Dopo avere gli detto che cosa è successo, mi sento meglio. ☐
   c. Dopo avere dettogli che cosa è successo, mi sento meglio. ☐
   d. Dopo avergli detto che cosa è successo, mi sento meglio. ☐

9. a. Quel libro è mio. Me lo ridai subito! Non è vero! Non lo è tuo! ☐
   b. Quel libro è mio. Ridammelo subito! Non è vero! Non è tuo! ☐
   c. Quel libro è mio. Ridammilo subito! Non è vero! Non è tuo! ☐
   d. Quel libro è mio. Ridammelo subito! Non è vero! Non lo è! ☐

10. a. Dottore, L'ho chiamata per parlarLe di un problema. ☐
   b. Dottore, Le ho chiamato per parlarLe di un problema. ☐
   c. Dottore, L'ho chiamato per parlarGli di un problema. ☐
   c. Dottore, L'ho chiamato per parlarlo di un problema. ☐

11. a. Hai visto la moglie del Presidente? No, non L'ho vista ancora. ☐
   b. Hai visto la moglie del Presidente? No, non Gliel'ho vista ancora. ☐
   c. Hai visto la moglie del Presidente? No, non l'ho visto ancora. ☐
   d. Hai visto la moglie del Presidente? No, non l'ho vista ancora. ☐

12. a. Vistala, cambiò strada per non la salutare. ☐
   b. Vistola, cambiò strada per non salutarla. ☐
   c. La vista, cambiò strada per non salutarla. ☐
   d. Vistala, cambiò strada per non salutarla. ☐

13. a. Signori, posso permettermi di offrire loro la cena? ☐
   b. Signori, posso mi permettere di offrire Loro la cena? ☐
   c. Signori, posso permettermi di offrire Loro la cena? ☐
   d. Signori, mi posso permettere di offrire loro la cena? ☐

14. a. Quante volte si è sposato Gerardo? Se ne è sposate due volte. ☐
   b. Quante volte si è sposato Gerardo? Se n'è sposate due volte. ☐
   c. Quante volte si è sposato Gerardo? Si è sposato due volte. ☐
   d. Quante volte si è sposato Gerardo? Se l'è sposate due volte. ☐

15. a. Ti è piaciuta la mostra? Sì, mi l'è piaciuta moltissimo. ☐
   b. Ti è piaciuta la mostra? Sì, mi è piaciuta moltissimo. ☐
   c. Ti è piaciuta la mostra? Sì, me la è piaciuta moltissimo. ☐
   d. Ti è piaciuta la mostra? Sì, me l'è piaciuta moltissimo. ☐

Hai visto Maria? Sì, ***l'ho vista*** poco fa e ***le*** ho detto che ***la*** stavi cercando. Se ***la*** vedrò ancora ***glielo*** ripeterò. Ma tu, puoi ***dirmi*** perché ***le*** devi parlare? ***Dimmelo***, ***ti*** prego! Mi piacerebbe ***saperlo***. Non ***lo*** dirò a nessuno. ***Te lo*** prometto.

2.
Pronomi relativi

*I pronomi relativi sono: «**che**»; «...**cui**» e «...**quale,i**»*

«che» *Il ragazzo «che» hai visto ieri si chiama Salvatore.*
La ragazza «che» hai visto ieri si chiama Paola.
I ragazzi «che» hai visto ieri sono Salvatore e Silvio.
Le ragazze «che» hai visto ieri sono Paola e Monica.

Il ragazzo «che» viene stasera è molto simpatico.
La ragazza «che» viene stasera è molto simpatica.
I ragazzi «che» vengono stasera sono molto simpatici.
Le ragazze «che» vengono stasera sono molto simpatiche.

Come si può vedere, questo pronome relativo:

. È sempre lo stesso per il maschile, il femminile, il singolare e il plurale.
Es. Il ragazzo, la ragazza, i ragazzi, le ragazze «che»...

. Si usa sia per indicare il soggetto, sia per indicare l'oggetto diretto.
Es. La ragazza «che» viene (soggetto) - La ragazza «che» vedo (oggetto diretto)

. Si usa sempre da solo, senza articoli o preposizioni davanti.
Es. Vado a comprare il vestito «che» ho visto ieri in vetrina.

① **Nota**: *«**il, la quale**» e «**i, le quali**».*

Questi pronomi hanno la stessa funzione del pronome relativo «che», ma sono meno usati, soprattutto nella lingua parlata.

Es. Il ragazzo «il quale» saluta è un mio amico (Il ragazzo che saluta...)
La ragazza «la quale» saluta è una mia amica. (La ragazza che saluta...)
I ragazzi «i quali» salutano sono nostri amici (I ragazzi che salutano...)
Le ragazze «le quali» salutano sono nostre amiche (Le ragazze che salutano...)

② **Nota**: *«**il che**».*

Questo pronome sostiuisce un'intera frase o un intero concetto.

Es. Luigi è andato via di corsa, «il che» significa che aveva molta fretta.
(Luigi è andato via di corsa «e questo» significa che aveva molta fretta)

«...cui» *Il dentista da «cui» vado è molto bravo e gentile.*
La donna di «cui» sono innamorato si chiama Eva.
I ragazzi con «cui» esci non mi piacciono molto.
Non ci interessano affatto le cose di «cui» parlate.

Come si può vedere, questo relativo:

. *È sempre lo stesso per il maschile, il femminile, il singolare e il plurale.*

Es. Il ragazzo di «cui» sono innamorata - La ragazza di «cui» sono innamorato.

. *Non ha mai l'articolo.*

Es. La ditta per «cui» lavoro... La scuola in «cui» vado... i fatti di «cui» parli...

. *È sempre accompagnato da una preposizione semplice.*

Es. Andiamo **da** *un collega d'ufficio - Il collega d'ufficio si chiama Enzo.*
*Il collega d'ufficio «***da cui***» andiamo si chiama Enzo.*

Io telefono **a** *una ragazza - La ragazza è mia sorella.*
*La ragazza «***a cui***» telefono è mia sorella.*

③ **Nota**: *«***il cui***»; «***la cui***»; «***i cui***»; «***le cui***».*

Questi pronomi hanno una funzione di possessivo o di specificazione.
Ricordiamoci di usare l'articolo che riguarda l'oggetto posseduto, e non il soggetto che possiede.

Es. Questo è il pittore «i cui» quadri sono esposti al museo d'arte contemporanea.
Questa è la scrittrice «il cui» libro ha vinto quest'anno il premio della critica.
Questo è il regista «la cui» carriera è stata improvvisamente interrotta.
Questi sono gli scrittori «la cui» opera rimarrà per sempre.

④ **Nota**: *«***chi***».*

Questo pronome significa «quello che»; «quella che»; «quelli che»; «quelle che»; «colui che»; «colei che»; «coloro che».
Si usa solo al singolare e si riferisce esclusivamente a persone.

Es. «Chi» vuole venire con noi, può farlo senza problemi.
Di solito «chi» si sente troppo sicuro di sé, sbaglia.
«Chi» non ha fatto una simile esperienza, non può capire.

*«...**quale,i**»* *Il dentista dal «quale» vado è molto bravo e gentile.*
La donna della «quale» sono innamorato si chiama Eva.
I ragazzi con i «quali» esci non mi piacciono molto.
Non ci interessano affatto le cose delle «quali» parlate.

Come si può vedere, questo relativo si usa come «...cui», ma:

. *È diverso per il singolare e il plurale. Maschile e femminile sono uguali.*

Es. Il ragazzo del «quale» parli... - I ragazzi dei «quali» parli...
La ragazza della «quale» parli... - Le ragazze delle «quali» parli...

. *Ha sempre una preposizione davanti (come «...cui») ma articolata.*
Es. Il ragazzo, la ragazza, i ragazzi, le ragazze «a cui» telefono ... diventa:

Il ragazzo «al quale» telefono... La ragazza «alla quale» telefono...
I ragazzi «ai quali» telefono... Le ragazze «alle quali» telefono...

Qualche frase con i pronomi relativi:

La settimana scorsa ho incontrato una ragazza **che** *(***la quale***) avevo già conosciuto qualche anno fa e* **a cui** *(***alla quale***) avevo dato il mio numero di telefono.*

Mi sento molto stanca, le gambe molli e un forte mal di testa, **il che** *vuole dire una sola cosa: ho preso l'influenza.*

Il signore seduto su quel divano è lo scrittore **il cui** *libro ha vinto quest'anno quasi tutti i premi letterari.*

Ecco a voi, signore e signori il gruppo musicale **di cui** *(***del quale***) tutti parlano,* **che** *tutti vorrebbero ascoltare dal vivo e* **i cui** *dischi hanno venduto milioni di copie in tutto il mondo.*

Chi *vuole sostenere l'esame deve compilare questo modulo,* **che** *(***il quale***) verrà poi consegnato alla segreteria della scuola.*

Ora tutto è chiaro: questo è l'uomo **che** *amo e* **con cui** *(***con il quale***) ho intenzione di sposarmi. Tutti gli altri* **di cui** *(***dei quali***) mi sono innamorata in passato non valevano neanche la metà di lui!*

Mi hanno detto che Mario, **la cui** *moglie è andata per qualche giorno da sua madre, non sa cucinare neanche un uovo,* **il che** *significa probabilmente che pranza tutti i giorni al ristorante.*

Esercizi

24. > *Unire le frasi seguenti con il pronome relativo «che».*

Es. Ho visto una signora - La signora è la mia vicina di casa.
La signora **che** *ho visto è la mia vicina di casa.*

1) Abbiamo comprato un libro - Il libro è molto interessante.

....

2) Ho comprato una macchina - La macchina è di seconda mano.

....

3) La radio trasmette una canzone - La canzone è famosa.

....

4) Stanotte ho fatto un sogno - Nel sogno eri presente anche tu.

....

5) In questo bar veniva sempre un signore - Il signore è un famoso attore.

....

6) Stasera arriveranno delle ragazze - Le ragazze sono mie amiche.

....

7) Mangiamo una minestra - La minestra non ha molto sapore.

....

8) Lui ieri ha preso una medicina - La medicina gli ha fatto bene.

....

9) Hanno preso delle decisioni - Le decisioni secondo me erano sbagliate.

....

10) Ho mangiato degli spaghetti al pesto - Gli spaghetti erano meravigliosi!

....

Esercizi

25. >> *Completare le frasi seguenti con i pronomi relativi: «...cui», ...quale,i» e «chi».*

Es. Il dentista .... vado è bravo e gentile.
*Il dentista **da cui (dal quale)** vado è bravo e gentile.*

Allo spettacolo può assistere ...... vuole.
*Allo spettacolo può assistere **chi** vuole.*

1) La ragione .... ti ho chiamato è molto seria. 2) Il negozio .... ho comprato questa camicia si trova vicino al Duomo. 3) .... ha bisogno di informazioni può rivolgersi alla segretaria. 4) Quella è la casa .... abitano i miei genitori. 5) Il ragazzo .... sono uscita ieri sera ha due bellissimi occhi neri. 6) Può fare questo esame solo .... ha superato quello precedente. 7) Si tratta di una persona .... ti ho già parlato e .... ti puoi fidare ciecamente. 8) L'avvocato .... sono andata mi ha detto che abbiamo ragione noi! 9) Vorrei proprio sapere .... ti ha messo queste idee in testa. 10) Ho comprato un sacco di cose oggi in centro, ... anche queste scarpe di pelle. 11) È un'amica .... ho studiato in Italia, ... ho una grande stima. 12) La macchina .... abbiamo viaggiato era piccola e molto rumorosa. 13) La sedia .... sei seduta apparteneva a mia bisnonna. 14) Questo è il motivo .... ho deciso di non accettare quella proposta. 15) .... vuole può venire con me. 16) Tutti i medici .... sono stata mi hanno detto che non devo preoccuparmi. 17) Chi sono le persone .... sta parlando Alberto in questo momento? 18) L'uomo .... mia madre si è risposata è un signore molto simpatico. 19) L'albergo .... siamo stati aveva la vista direttamente sul mare. 20) Non so .... possa aver detto queste cose sul conto di Anna. 21) Lo scrittore .... parla il professore ha pubblicato molti libri di successo. 22) La squadra .... faccio il tifo perde quasi tutte le partite! 23) Si tratta di una persona molto seria e .... si può contare. 24) L'architetto .... ci siamo rivolti ci ha dato molti consigli utili.

Esercizi

26. >>> *Completare le frasi seguenti con tutti i pronomi relativi possibili.*

Es. Ti dico subito problema .... ti ho chiamato.
Ti dico subito il problema **per cui** *(***per il quale***) ti ho chiamato.*

È una ragazza .... ho conosciuto qualche settimana fa.
È una ragazza **che** *(***la quale***) ho conosciuto qualche settimana fa.*

Si tratta di un artista .... è conosciuta in tutto il mondo
Si tratta di un artista **la cui** *opera è conosciuta in tutto il mondo.*

Quell'uomo scappa, ... significa che qualcuno lo rincorre.
Quell'uomo scappa, **il che** *significa che qualcuno lo rincorre.*

Non lo conosco. Non so .... sia.
Non lo conosco. Non so **chi** *sia.*

1) .... sostiene idee del genere non può che essere un pazzo! 2) La bambina .... hai visto ieri è la figlia di mia sorella. 3) I ragazzi .... abito sono gentili e simpatici. 4) Giacomo Puccini, il grande compositore .... opere sono conosciute in tutto il mondo, morì nel 1924. 5) Piero non è venuto all'appuntamento, ... significa che anche questa volta se n'è dimenticato. 6) Chi sono quelle due? Sono Barbara e Giovanna, due ragazze .... frequentano il corso di Storia dell'Arte. 7) Non conosco gli episodi .... parla quell'uomo e non so nemmeno .... possa avergli raccontato cose del genere. 8) I ragazzi .... siamo stati ieri pomeriggio ci hanno offerto di passare l'estate nella loro casa di campagna. 9) Le ragazze .... ci hanno invitato ieri sera, hanno preparato un'ottima cena. 10) Di fronte a quella domanda il testimone è diventato rosso in viso e ha cominciato a balbettare, ... significa che di sicuro non diceva la verità. 11) L'atleta .... ha vinto la gara è molto giovane. 12) Vorrei che Lei mi dicesse .... Le ha raccontato queste cose. 13) La cassaforte .... vedi è uguale a quella .... sono custoditi i gioielli della corona. 14) Se conoscessi il motivo .... sono stata convocata, affronterei l'incontro con più serenità. 15) L'albergo .... vedete qui alla vostra sinistra ha ospitato personaggi famosi, ... anche il noto cantante MIchele Gorgheggini. 16) .... prenderà questa medicina rimarrà giovane per sempre!

Esercizi

27. >>> *Completare le frasi seguenti con tutti i pronomi relativi possibili.*

Es. Ti dico subito il problema .... ti ho chiamato.
Ti dico subito il problema ***per cui (per il quale)*** *ti ho chiamato.*

È una ragazza .... ho conosciuto qualche settimana fa.
È una ragazza ***che (la quale)*** *ho conosciuto qualche settimana fa.*

Si tratta di un artista .... opera è conosciuta in tutto il mondo.
Si tratta di un artista ***la cui*** *opera è conosciuta in tutto il mondo.*

Quell'uomo scappa, ... significa che qualcuno lo rincorre.
Quell'uomo scappa, ***il che*** *significa che qualcuno lo rincorre.*

Non lo conosco. Non so .... sia.
Non lo conosco. Non so ***chi*** *sia.*

1) Sai per caso la ragione .... si sono comportati così? 2) Non fai altro che pensare a quella ragazza, ... significa una sola cosa: sei innamorato cotto! 3) Ma che cosa dici? È solo una ragazza .... ho conosciuto per caso in un bar! 4) .... si sente in grado di fare tutta la strada a piedi, venga con me. Gli altri possono prendere l'autobus, ... li porterà a destinazione senza sforzi. 5) È un poeta .... versi hanno fatto la storia della letteratura. 6) Lui è l'amico .... sono andata ieri e .... mi ha dato tutti quei consigli su come comportarmi. 7) Purtroppo, Lei non ha superato la prova di ammissione, ... naturalmente non vuole dire che non possa ritentare la prossima volta. 8) Sapete dov'è finito Alessandro? E chi lo sa? L'ultima volta ci ha telefonato da Roma. Era da un'amica .... l'ha ospitato a casa sua. 9) La macchina .... viaggiate è vecchia e pericolosa. 10) Le ragazze .... abbiamo cenato ieri vengono tutte dal Brasile. 11) Chi è quel tipo? Non lo so. Io non lo conosco. Forse è uno .... è venuto senza essere invitato. 12) Mi piacciono molto i ragazzi .... carattere è dolce e comprensivo. 13) Si tratta di un farmaco .... risolverà molti nostri problemi, ... significa che la nostra vita migliorerà sensibilmente! 14) Ma che dice quello? Sicuramente è uno .... vuole convincerci a prendere molte medicine. 15) È una scrittrice .... parlano tutti. Vorrei leggere qualche suo libro.

Test 4 >

Scegliere la frase giusta fra quelle proposte.

1. a. La ragazza chi ci ha salutato è una mia amica. ☐
   b. La ragazza che ci ha salutato è una mia amica. ☐

2. a. La frase che hai detto non è giusta in italiano. ☐
   b. La frase quale hai detto non è giusta in italiano. ☐

3. a. Le donne le quali lavorano in questo ufficio, sono discriminate! ☐
   b. Le donne le quale lavorano in questo ufficio, sono discriminate! ☐

4. a. La macchina con la cui abbiamo viaggiato era molto veloce. ☐
   b. La macchina con la quale abbiamo viaggiato era molto veloce. ☐

5. a. La scuola quale frequento si trova non lontano dal Duomo. ☐
   b. La scuola che frequento si trova non lontano dal Duomo. ☐

6. a. Non conosco bene l'argomento del quale stai parlando. ☐
   b. Non conosco bene l'argomento cui stai parlando. ☐

7. a. Francesco, chi era la signora con chi parlavi ieri sera? ☐
   b. Francesco, chi era la signora con cui parlavi ieri sera? ☐

8. a. Devi sapere che il dentista da chi vado io è molto bravo. ☐
   b. Devi sapere che il dentista da cui vado io è molto bravo. ☐

9. a. Non ho capito la domanda, per che non posso risponderti. ☐
   b. Non ho capito la domanda, per cui non posso risponderti. ☐

10. a. Le caramelle che mi hai dato ieri sono davvero buone! ☐
    b. Le caramelle le quale mi hai dato ieri sono davvero buone! ☐

11. a. La polizia ha arrestato l'uomo quale ha compiuto la rapina. ☐
    b. La polizia ha arrestato l'uomo che ha compiuto la rapina. ☐

12. a. La dottoressa da quale vado dice che non devo più fumare. ☐
    b. La dottoressa da cui vado dice che non devo più fumare. ☐

Test 5 >>

Scegliere la frase giusta fra quelle proposte.

1. a. Ho comprato il libro del cui ha parlato ieri il professore. ☐
   b. Ho comprato il libro di cui ha parlato ieri il professore. ☐
   c. Ho comprato il libro che ha parlato ieri il professore. ☐
2. a. Come si chiama quel ragazzo chi ti ha telefonato? ☐
   b. Come si chiama quel ragazzo quale ti ha telefonato? ☐
   c. Come si chiama quel ragazzo che ti ha telefonato? ☐
3. a. Le studentesse le quale hanno fatto il test, possono uscire. ☐
   b. Le studentesse chi hanno fatto il test, possono uscire. ☐
   c. Le studentesse che hanno fatto il test, possono uscire. ☐
4. a. La bicicletta quale sto usando è vecchia e tutta rotta. ☐
   b. La bicicletta che sto usando è vecchia e tutta rotta. ☐
   c. La bicicletta cui sto usando è vecchia e tutta rotta. ☐
5. a. La ragione per cui ti ho chiamato è molto seria. ☐
   b. La ragione per quale ti ho chiamato è molto seria. ☐
   c. La ragione per la cui ti ho chiamato è molto seria. ☐
6. a. Queste sono le possibilità, fra quali devi scegliere. ☐
   b. Queste sono le possibilità fra le quale devi scegliere. ☐
   c. Queste sono le possibilità fra le quali devi scegliere. ☐
7. a. La ragazza quale sono andata ieri pomeriggio si chiama Lisa. ☐
   b. La ragazza da cui sono andata ieri pomeriggio si chiama Lisa. ☐
   c. La ragazza che sono andata ieri pomeriggio si chiama Lisa. ☐
8. a. Sergio ha una sorella con cui sono molto amica. ☐
   b. Sergio ha una sorella con chi sono molto amica. ☐
   c. Sergio ha una sorella con che sono molto amica. ☐
9. a. Questa è la casa nella cui ho abitato quando ero piccola. ☐
   b. Questa è la casa in quale ho abitato quando ero piccola. ☐
   c. Questa è la casa in cui ho abitato quando ero piccola. ☐
10. a. Non conosco l'uomo che ci ha salutate. Chi è? ☐
    b. Non conosco l'uomo chi ci ha salutate. Chi è? ☐
    c. Non conosco l'uomo quale ci ha salutate. Chi è? ☐

Test 6 >>>

Scegliere la frase giusta fra quelle proposte.

1. a. Lei è la ragazza che ho conosciuto e con cui ho cenato ieri. ☐
   b. Lei è la ragazza quale ho conosciuto e con cui ho cenato ieri. ☐
   c. Lei è la ragazza che ho conosciuto e con la cui ho cenato ieri. ☐
   d. Lei è la ragazza che ho conosciuto e con quale ho cenato ieri. ☐

2. a. Questo è un pittore che l'opera non è molto conosciuta. ☐
   b. Questo è un pittore cui l'opera non è molto conosciuta. ☐
   c. Questo è un pittore la cui opera non è molto conosciuta. ☐
   d. Questo è un pittore quale opera non è molto conosciuta. ☐

3. a. Lui non ha telefonato, che significa che è arrabbiato con me. ☐
   b. Lui non ha telefonato, il cui significa che è arrabbiato con me. ☐
   c. Lui non ha telefonato, il che significa che è arrabbiato con me. ☐
   d. Lui non ha telefonato, il quale significa che è arrabbiato con me. ☐

4. a. Quale vuole partecipare alla gita, deve firmare questo modulo. ☐
   b. Il quale vuole partecipare alla gita, deve firmare questo modulo. ☐
   c. Chi vuole partecipare alla gita, deve firmare questo modulo. ☐
   d. Chi che vuole partecipare alla gita, deve firmare questo modulo. ☐

5. a. Non conosco nessuna delle cose delle quali stai parlando. ☐
   b. Non conosco nessuna delle cose delle quale stai parlando. ☐
   c. Non conosco nessuna delle cose delle cui stai parlando. ☐
   d. Non conosco nessuna delle cose che stai parlando. ☐

6. a. Non capisco le ragioni per le cui Carla si è arrabbiata. ☐
   b. Non capisco le ragioni per che Carla si è arrabbiata. ☐
   c. Non capisco le ragioni per quali Carla si è arrabbiata. ☐
   d. Non capisco le ragioni per le quali Carla si è arrabbiata. ☐

7. a. Questo è l'uomo il cui moglie ha avuto un incidente stradale. ☐
   b. Questo è l'uomo la cui moglie ha avuto un incidente stradale. ☐
   c. Questo è l'uomo che la moglie ha avuto un incidente stradale. ☐
   d. Questo è l'uomo quale moglie ha avuto un incidente stradale. ☐

8. a. Questo è il vestito di cui ho comprato in quel negozio. ☐
   b. Questo è il vestito del quale ho comprato in quel negozio. ☐
   c. Questo è il vestito cui ho comprato in quel negozio. ☐
   d. Questo è il vestito che ho comprato in quel negozio. ☐

9. a. Non ho le chiavi di casa, il che vuol dire che non potrò entrare. ☐
   b. Non ho le chiavi di casa, che vuol dire che non potrò entrare. ☐
   c. Non ho le chiavi di casa, di cui vuol dire che non potrò entrare. ☐
   d. Non ho le chiavi di casa e che vuol dire che non potrò entrare. ☐

10. a. Si tratta di un atleta che tutti parlano e che quest'anno ha vinto molte gare, fra cui anche le Olimpiadi. ☐
    b. Si tratta di un atleta di cui tutti parlano e quale quest'anno ha vinto molte gare, fra le quali anche le Olimpiadi. ☐
    c. Si tratta di un atleta di cui tutti parlano e che quest'anno ha vinto molte gare, fra cui anche le Olimpiadi. ☐
    d. Si tratta di un atleta di cui tutti parlano e che quest'anno ha vinto molte gare, fra quali anche le Olimpiadi. ☐

11. a. L'avvocato Ferretti risolverà tutti i problemi che abbiamo. ☐
    b. L'avvocato Ferretti risolverà tutti i problemi quali abbiamo. ☐
    c. L'avvocato Ferretti risolverà tutti i problemi le quale abbiamo. ☐
    d. L'avvocato Ferretti risolverà tutti i problemi chi abbiamo. ☐

12. a. Voglio sapere chi era la donna con quale ti sei incontrato! ☐
    b. Voglio sapere quale era la donna con la cui ti sei incontrato! ☐
    c. Voglio sapere la quale era la donna con cui ti sei incontrato! ☐
    d. Voglio sapere chi era la donna con la quale ti sei incontrato! ☐

13. a. Signora, ci può descrivere l'uomo che ha visto fuggire? ☐
    b. Signora, ci può descrivere l'uomo chi ha visto fuggire? ☐
    c. Signora, ci può descrivere l'uomo quale ha visto fuggire? ☐
    d. Signora, ci può descrivere l'uomo con cui ha visto fuggire? ☐

14. a. È un avversario troppo forte, con quale non posso competere. ☐
    b. È un avversario troppo forte, con che non posso competere. ☐
    c. È un avversario troppo forte, il che non posso competere. ☐
    d. È un avversario troppo forte, con il quale non posso competere. ☐

La ragazza ***che*** è seduta in fondo alla sala è quella ***della quale*** ti ho tanto parlato e ***di cui*** mi sono innamorato. Si tratta di una ragazza con molte qualità, ***fra cui*** quella di essere simpatica, gentile e ***con cui*** si può parlare davvero di tutto. Credimi!

3.
Pronomi interrogativi

I pronomi interrogativi sono:

*«**chi**?»; «**che**?» («**che cosa**?», «**cosa**?»); «**quale,i**?»; «**quanto,a,i,e**?».*

*«**Chi**»?*	*«Chi» vuole venire con noi al cinema?* *«Chi» mi ha fatto questo brutto scherzo?* *«Chi» c'era in macchina con voi?* *«Chi» c'era con voi ieri pomeriggio?*
*«**Che**»?* *«**Che cosa**»?* *«**Cosa**»?*	*«Che» hai deciso di fare oggi?* *«Che cosa» pensi di loro due?* *«Cosa» vuoi da me?* *«Che cosa» hai detto?*
*«**Quale, i**»?*	*«Qual» è tuo fratello? Questo o quello?* *«Quali» sono le Sue intenzioni, signora?* *«Quale» sarà il nostro autobus? Forse questo...* *«Quale» preferisci, fra questi due film?*
*«**Quanto,a,i,e**»?*	*«Quanto» pesa la Sua valigia, signorina?* *«Quanta» ne compri di questa pasta?* *«Quanti» eravate alla festa di ieri sera?* *«Quante» di noi avranno voglia di aiutarli?*

① ***Nota**: «**chi**?» si usa solo per persone o animali e il verbo da cui è seguito è sempre alla terza persona singolare.*

② ***Nota**: «**che**?», «**che cosa**?» e «**cosa**?» hanno lo stesso significato. «**Cosa**?» si usa in maniera informale nella lingua parlata.*

③ ***Nota**: «**quale**?» si può troncare, ma non si apostrofa mai (vedi nota a pag. 74).*

Es. <u>Qual è</u> il tuo nuovo numero di telefono?

Esercizi

28. >> *Completare le frasi seguenti con i pronomi interrogativi.*

Es. .... mi accompagna al supermercato a fare la spesa?
***Chi** mi accompagna al supermercato a fare la spesa?*

1) Con .... sei stata? E .... hai fatto fino a quest'ora? Voglio che mi racconti tutto! 2) .... è il tuo cantante preferito? 3) .... eravate ieri sera alla festa a casa di Maria? 4) Signorina, vorrei sapere .... costa questa camicetta di seta. 5) Ma .... dici? Sai benissimo che ti ho sempre detto la verità. 6) Dimmi, fra quei due ragazzi, ... ti piace di più? 7) Ho capito che ti piacciono le torte di cioccolata, ma .... ne compri? Farai un'indigestione! 8) .... si tratterrà nella nostra bella cittadina, signor presidente? 9) Ma .... credi di essere per parlarmi così? 10) .... possono essere state le ragioni di quel gesto folle? E soprattutto .... frullava nella mente di quell'uomo? 11) .... è Lei? .... l'ha fatta entrare qui? .... vuole da me? Risponda, se non vuole che chiami la polizia! 12) .... hai pagato questo bellissimo cappotto? 13) .... sono le sedie che avete scelto per la cucina? E .... costano? 14) .... di queste ragazze hanno già sostenuto l'esame di ammissione? 15) .... è la signora Beatrice? 16) .... ti ha detto ieri sera tua moglie? Si è arrabbiata molto? .... è stata la sua reazione? 17) .... pesa questo tavolo? Non ce la farai mai a portarlo tutto da solo. 18) Pronto, ... è? Ancora Lei! Ma .... vuole da me? È la terza volta che mi telefona! 19) .... è il tuo problema? Parlane con me: forse possiamo risolverlo insieme. 20) .... sono le attrici più famose nel tuo Paese? 21) .... di voi non sono usciti ieri sera? Vorrei sapere esattamente .... è rimasto a casa. 22) .... pensi della nuova legge sull'Università? 23) A .... tocca? Tocca a Lei, signora? Bene, mi dica, ... desidera? Vorrei del pane, un etto di prosciutto e delle olive. .... Le devo? 24) .... ha pronunciato questa frase offensiva nei miei confronti? 25) .... vuole per fare questo lavoro? Mi dica, ... è il prezzo? È in grado di garantirmi un lavoro perfetto?

Test 7 >

Scegliere la frase giusta fra quelle proposte.

1. a. Che cosa vuole Lei da me? ☐
   b. Chi cosa vuole Lei da me? ☐

2. a. Fra queste due gonne, che hai scelto? ☐
   b. Fra queste due gonne, quale hai scelto? ☐

3. a. Quanta costa questa macchina? ☐
   b. Quanto costa questa macchina? ☐

4. a. Chi di voi vuole venire con me? ☐
   b. Quali di voi vuole venire con me? ☐

5. a. Quale sono le attrici che ti piacciono? ☐
   b. Quali sono le attrici che ti piacciono? ☐

6. a. Ma che dici? Non ci credo. ☐
   b. Ma chi dici? Non ci credo. ☐

7. a. Qual è la moglie del direttore? ☐
   b. Qual'è la moglie del direttore? ☐

8. a. Hai visto Elisa quanta è dimagrita? ☐
   b. Hai visto Elisa quanto è dimagrita? ☐

9. a. Quale di quelle due ragazze ti è più simpatica? ☐
   b. Quala di quelle due ragazze ti è più simpatica? ☐

10. a. Posso sapere con quale sei così arrabbiata? ☐
    b. Posso sapere con chi sei così arrabbiata? ☐

11. a. Quante fra voi sanno rispondere a questa domanda? ☐
    b. Quale fra voi sanno rispondere a questa domanda? ☐

12. a. Lei è in grado di dirci quanta vale quest'opera? ☐
    b. Lei è in grado di dirci quanto vale quest'opera? ☐

Test 8 >>

Scegliere la frase giusta fra quelle proposte.

1. a. Quante hanno già sostenuto l'esame? ☐
   b. Quale hanno già sostenuto l'esame? ☐

2. a. Quali sono le nostre reali possibilità di vittoria? ☐
   b. Quanti sono le nostre reali possibilità di vittoria? ☐

3. a. Chi fra voi sono in grado di aiutarmi? ☐
   b. Chi fra voi è in grado di aiutarmi? ☐

4. a. Può dirci con precisione quale ha rubato il ladro? ☐
   b. Può dirci con precisione quanto ha rubato il ladro? ☐

5. a. Che cosa hai detto? Non ho sentito bene. ☐
   b. Quale hai detto? Non ho sentito bene. ☐

6. a. Mi dici per favore a cosa stai pensando? ☐
   b. Mi dici per favore a quale stai pensando? ☐

7. a. Sei ingrassato di dieci chili! Ma quanto mangi? ☐
   b. Sei ingrassato di dieci chili! Ma quanti mangi? ☐

8. a. Non puoi immaginare quanto ho sofferto! ☐
   b. Non puoi immaginare quant'ho sofferto! ☐

9. a. Ti piace la mia motocicletta? Sì, ma quanta è costata? ☐
   b. Ti piace la mia motocicletta? Sì, ma quanto è costata? ☐

10. a. Quali sono le Sue proposte, Signor Magni? ☐
    b. Quale sono le Sue proposte, Signor Magni? ☐

11. a. Che è successo? Che cos'era quel rumore? ☐
    b. Ch'è successo? Che cosa era quel rumore? ☐

12. a. D'accordo, hai bevuto molte birre, ma quante esattamente? ☐
    b. D'accordo, hai bevuto molte birre, ma quanta esattamente? ☐

Test 9 >>>

Scegliere la frase giusta fra quelle proposte.

1. a. Con quale sei uscita ieri sera? Dimmelo subito! ☐
   b. Con chi sei uscita ieri sera? Dimmelo subito! ☐
   c. Con quali sei uscita ieri sera? Dimmelo subito! ☐
2. a. Quanti eravate ieri sera a casa di Marina? ☐
   b. Quali eravate ieri sera a casa di Marina? ☐
   c. Chi eravate ieri sera a casa di Marina? ☐
3. a. Qual era la materia che preferivi a scuola? ☐
   b. Qual'era la materia che preferivi a scuola? ☐
   c. Che era la materia che preferivi a scuola? ☐
4. a. Che cos'è questa, una camicia? E quanta l'hai pagata? ☐
   b. Che è questa, una camicia? E quanto l'hai pagata? ☐
   c. Ch'è questa, una camicia? E quanto l'hai pagata? ☐
5. a. Quali sono i posti che ci sono stati assegnati? ☐
   b. Qual sono i posti che ci sono stati assegnati? ☐
   c. Quanto sono i posti che ci sono stati assegnati? ☐
6. a. Ho sentito uno strano rumore. Chi sarà stato? ☐
   b. Ho sentito uno strano rumore. Quale sarà stato? ☐
   c. Ho sentito uno strano rumore. Che sarà stato? ☐
7. a. Che dici, saranno già arrivati Pietro e Stefania? ☐
   b. Quali dici, saranno già arrivati Pietro e Stefania? ☐
   c. Chi dici, saranno già arrivati Pietro e Stefania? ☐
8. a. Qual erano le Sue intenzioni, Signora? ☐
   b. Quali erano le Sue intenzioni, Signora? ☐
   c. Quale erano le Sue intenzioni, Signora? ☐
9. a. Con che cosa avete viaggiato? Era comodo? ☐
   b. Con chi avete viaggiato? Era comodo? ☐
   c. Con quale avete viaggiato? Era comodo? ☐
10. a. Quale è la tua opinione riguardo a questa faccenda? ☐
    b. Qual'è la tua opinione riguardo a questa faccenda? ☐
    c. Qual è la tua opinione riguardo a questa faccenda? ☐

Che cosa hai comprato? ***Quanto*** l'hai pagato? ***Chi*** te l'ha venduto? Secondo me spendi troppo. ***Che Cosa*** credi di risolvere spendendo tutti i soldi che guadagni? Si può sapere ***quali*** sono i vantaggi che trai da tutto questo? ***Quali***? Dimmelo!

4.
Pronomi possessivi

sing. masch.	*sing. femm.*	*plur. masch.*	*plur. femm.*
il mio	la mia	i miei	le mie
il tuo	la tua	i tuoi	le tue
il suo	la sua	i suoi	le sue
il Suo	la Sua	i Suoi	le Sue
il nostro	la nostra	i nostri	le nostre
il vostro	la vostra	i vostri	le vostre
il loro	la loro	i loro	le loro
il Loro	la Loro	i Loro	le Loro

I pronomi possessivi si possono confondere con gli aggettivi possessivi.

Es. Il ***mio*** *motorino è rotto. Mi puoi prestare* ***il tuo****?*
aggettivo *pronome*

In questa frase «mio» è un aggettivo possessivo (perché accompagna il nome, sta accanto al nome), mentre «tuo» è un pronome possessivo (perché sostituisce il nome, sta al suo posto). Questo è importante, perché i pronomi hanno regole diverse dagli aggettivi.

. Il pronome possessivo ha sempre l'articolo davanti. Se, per esempio, prima del pronome c'è una preposizione, questa deve essere articolata.
Con il verbo «essere» l'articolo è facoltativo.

Es. Quale macchina prendiamo, ***la nostra*** *o* ***la vostra****?*
La nostra casa è molto più piccola ***della vostra****.*
Il mio libro non ha molti esempi. ***Il tuo*** *ne ha molti.*
La nostra bicicletta è vecchia, mentre ***la sua*** *è nuova.*
La nostra bicicletta è più vecchia ***della sua****.*
Questo è il mio posto e quello più avanti è ***(il) suo****.*

① ***Nota****: «****il proprio****»; «****la propria****»; «****i propri****»; «****le proprie****».*

Questo pronome si usa al posto di «suo»; «sua»; «suoi»; «sue».
Es. Lui si occupa degli affari degli altri, ma farebbe bene a occuparsi ***dei propri****.*

Esercizi

29. > *Trasformare le frasi seguenti dal singolare al plurale e dal plurale al singolare con i pronomi possessivi.*

Es. Queste cravatte non mi piacciono.
Preferisco le tue. → *Preferisco* ***le vostre****.*
Di chi è questo ombrello?
È il nostro! → *È* ***il mio****!*

1) Quale macchina usiamo per fare questo viaggio?
La mia o la tua? ....

2) L'appartamento dove abito è comodo, ma non molto grande.
È molto più piccolo del tuo. ....

3) La proposta che hanno fatto loro non mi convince.
Preferisco la vostra. ....

4) Il computer che state usando è troppo lento.
Se volete potete usare il mio. ....

5) Di chi sarà questa borsa che abbiamo trovato ieri?
Forse è la sua. ....

6) Questa pizza non mi piace per niente.
Posso assaggiare la vostra? ....

7) Non mi preoccupo mai dei problemi degli altri.
Penso solo ai miei. ....

8) Non rispondo alla tua domanda provocatoria e offensiva.
Risponderò invece alla loro. ....

9) Di chi è quella macchina che la polizia sta portando via?
Ma è la nostra! ....

10) Siete dei bugiardi! Non crediamo alle vostre parole.
Crediamo alle loro. ....

11) Alla festa di Alberto c'era troppa gente e tanta confusione.
Mi è piaciuta molto meno della vostra. ....

12) Non posso dire quale dei due progetti mi abbia convinto di più.
Posso solo dire che Il tuo era molto originale. ....

Test 10 >

Scegliere la frase giusta fra quelle proposte.

1. a. Luciano, sono sicura che questo libro non è tuo. L'ha comprato Paola e dunque è sua! ☐
   b. Luciano, sono sicura che questo libro non è tuo. L'ha comprato Paola e dunque è suo! ☐
2. a. Signora, per caso è suo questo giornale? ☐
   b. Signora, per caso è Suo questo giornale? ☐
3. a. L'idea è mia e non accetto che qualcuno me la rubi! ☐
   b. L'idea è tua e non accetto che qualcuno me la rubi! ☐
4. a. Siamo noi ad avere fatto questo lavoro e dunque la responsabilità è solo vostra. ☐
   b. Siamo noi ad avere fatto questo lavoro e dunque la responsabilità è solo nostra. ☐
5. a. Ragazzi, questo posto è mio. L'ho prenotato. Il loro è più avanti. ☐
   b. Ragazzi, questo posto è mio. L'ho prenotato. Il vostro è più avanti. ☐
6. a. Daniela, di chi è questa borsa? Mi sembra che sia quella del direttore. Sì, è proprio la Sua, ne sono sicura. ☐
   b. Daniela, di chi è questa borsa? Mi sembra che sia quella del direttore. Sì è proprio la sua, ne sono sicura. ☐
7. a. Ma non è la macchina dei tuoi genitori, questa? Hai ragione, è proprio la sue. ☐
   b. Ma non è la macchina dei tuoi genitori, questa? Hai ragione, è proprio la loro. ☐
8. a. Questi sono i miei occhiali. I tuoi, dove li hai messi? ☐
   b. Questi sono i miei occhiali. I Suoi, dove li hai messi? ☐
9. a. Silvio è sicuro di avere ragione. Tutti i torti sarebbero miei. ☐
   b. Silvio è sicuro di avere ragione. Tutti i torti sarebbero suoi. ☐
10. a. Laura mi ha detto che le sue sono andati in vacanza. ☐
    b. Laura mi ha detto che i suoi sono andati in vacanza. ☐

Di chi è questa bici? È ***mia***! Non è vero! È di Angela! È ***sua***! Ma che stai dicendo? Quella bici è la ***nostra***! L'abbiamo comprata noi! No che non è ***vostra***! E non è neanche ***Sua***, signora Rossi. È di Anna e Pino. È ***la loro***. Ne siamo certi!

5.
Pronomi dimostrativi

sing. masch.	*sing. femm.*	*plur. masch.*	*plur. femm.*
«**questo**»	«**questa**»	«**questi**»	«**queste**»
sing. masch.	*sing. femm.*	*plur. masch.*	*plur. femm.*
«**quello**»	«**quella**»	«**quelli**»	«**quelle**»

I pronomi dimostrativi sono praticamente identici agli aggettivi dimostrativi, ad eccezione di «quelli» che può essere soltanto un pronome.

In generale si può dire che «questo», «questa», «questi» e «queste» si usano per indicare qualcosa che è vicino (o sentiamo vicino) a noi, mentre «quello», quella», «quelli» e «quelle» si usano per indicare qualcosa che è lontano (o sentiamo lontano) da noi.

Es. Le due camere sono praticamente uguali, solo che **questa** *dove ci troviamo noi è esposta a nord, mentre* **quella** *che abbiamo visto prima è esposta a est.*
Questo *è vero, Gino, ma non sono d'accordo su* **quello** *che hai detto prima.*

① **Nota**: «**codesto,a,i,e**».

Questo pronome si usa per indicare un oggetto che è lontano da chi parla, ma vicino alla persona che ascolta, la persona a cui è diretta la comunicazione.

Es. Questo è il mio libro (vicino a me) e **codesto** *(quello vicino a te) è il tuo.*
Non sono tuoi questi occhiali. I tuoi sono **codesti** *(quelli vicini a te).*

A volte la lontananza può non essere fisica; essa può rappresentare un senso di distacco, di disapprovazione nei confronti della persona a cui si parla.

Es. È un sistema, **codesto** *(quello che usi tu), che non mi piace per niente!*
E ti sembra il modo di comportarti, **codesto** *(il modo in cui ti comporti tu)?*

L'uso di «codesto» è limitato quasi esclusivamente alla Toscana, mentre nel resto d'Italia si preferisce usare «quello»

sing. masch.	*sing. femm.*	*plur. masch.*	*plur. femm.*
«**costui**»	«**costei**»	«**costoro**»	«**costoro**»
sing. masch.	*sing. femm.*	*plur. masch.*	*plur. femm.*
«**colui**»	«**colei**»	«**coloro**»	«**coloro**»

I pronomi dimostrativi «costui» (quest'uomo), «costei» (questa donna), e «costoro» (questi uomini; queste donne) esprimono spesso un certo disprezzo per la persona o le persone a cui si riferiscono.

*Es. Marianna, voglio sapere subito chi è **costui**!*
***Costoro** non hanno il diritto di parlarmi così!*

Anche i dimostrativi «colui» (quell'uomo), «colei» (quella donna), e «coloro» (quegli uomini; quelle donne) esprimono spesso un certo disprezzo per la persona o le persone a cui si riferiscono.

*Es. Chi è **colui**? Chi crede di essere?*
*E **coloro** sarebbero dei politici nuovi?*

L'uso di questi dimostrativi è praticamente limitato alla lingua scritta, mentre nella lingua parlata sono quasi del tutto scomparsi.

② **Nota**: «**colui che**»; «**colei che**»; «**coloro che**».

Questi pronomi dimostrativi sostituiscono il pronome relativo «chi»

*Es. **Chi** vuole partecipare alla gita, deve iscriversi entro domani.*
***Colui (colei) che** vuole partecipare alla gita, deve iscriversi entro domani.*
***Coloro che** vogliono partecipare alla gita, devono iscriversi entro domani.*

③ **Nota**: «**Ciò**»

Questo pronome dimostrativo è invariabile e si usa in sostituzione di: «questo fatto», «questi fatti»; «questa cosa», «queste cose»

*Es. Giovanna mi ha telefonato e **ciò** significa una sola cosa: lei mi ama!*
*Hai vinto la partita. E con **ciò**? Non vuol dire che sei più forte di me.*
*L'uomo non riusciva a stare in piedi, **ciò** dimostra che era ubriaco.*

A volte «ciò che» sostituisce «quello che».

*Es. Tutto **ciò che** vogliamo da voi è che vi comportiate bene questa sera.*
***Ciò che** posso promettervi è che farò di tutto per risolvere il problema.*
***Ciò che** desideriamo è che tu ci dica la verità, senza nasconderci nulla.*

Esercizi

30. > *Completare le frasi seguenti con i pronomi dimostrativi, scegliendo fra «questo», «questa», «questi», «queste»; «quello», «quella», «quelli», «quelle».*

Es. Carlo, quale camicia hai scelto? .... qui o .... di prima?
Carlo, quale camicia hai scelto? ***Questa*** *qui o* ***quella*** *di prima?*

1) Ti ricordi il ragazzo che abbiamo incontrato la settimana scorsa? Ma chi, ... che si dava tante arie? .... che credeva di essere l'uomo più bello e intelligente del mondo? Non voglio neanche pensarci. .... come lui non mi interessano! 2) .... che stai dicendo è vero, Silvio, ma dimentichi che non si può sempre dire tutto .... che pensiamo. 3) Non ti preoccupare per Giovanna e Sergio: .... sono capaci di cavarsela benissimo da soli. 4) Sono tutte belle le cravatte che mi avete fatto vedere, ma per mio marito credo che vada bene solo .... qui. 5) .... sono fatti che non ti riguardano! 6) Le ragioni per cui ho preso questa decisione sono .... che vi ho detto. 7) .... sono solo scuse. Abbiate il coraggio di dire la verità! 8) È inutile che inviti Anna alla tua festa, tanto .... non viene di sicuro. 9) Dottore, di là ci sono due ragazze che chiedono di Lei. Sono .... che L'hanno cercata anche ieri. 10) .... è proprio una grande idea, Mario! 11) In Italia mi hanno detto che .... di Genova sono avari. 12) La casa dei miei genitori è .... che si intravvede laggiù in lontananza. 13) Allora, quale libro hai scelto? .... o ....? 14) .... là sono i miei due fratelli maggiori. 15) .... del piano di sopra fanno sempre troppo rumore! 16) Non mi interessa che cosa dice Bruno. .... non ha mai capito niente dei miei problemi. 17) .... proprio non me l'aspettavo da te! Sono molto delusa. 18) Mi dispiace che sia andata a finire così. Io ho fatto tutto .... che potevo. 19) La mia insegnante è .... con il vestito azzurro. 20) Mi scusi, signore, ma Lei è seduto al mio posto. Mi dispiace, ma è Lei che si sbaglia. .... è il mio! Ho fatto anche la prenotazione! 21) Ah! ah! .... è bella! Ma chi te l'ha raccontata? 22) Chi è .... con la gonna rossa? Chi l'ha invitata?

Esercizi

31. *>> Completare le frasi seguenti con i pronomi dimostrativi, scegliendo fra «questo», «questa», «questi», «queste»; «quello», «quella», «quelli», «quelle»; «costui», «costei», «costoro»; «colui», «colei», «coloro».*

Es. Carlo, quale camicia hai scelto? .... qui o .... di prima?
Carlo, quale camicia hai scelto? ***Questa*** *qui o* ***quella*** *di prima?*

.... che vogliono partecipare alla gita, devono iscriversi.
Quelli *(**coloro**) che vogliono partecipare alla gita, devono iscriversi.*

1) Non pensare più a Bruno! Non vale proprio la pena di perdere la testa per uno come .... 2) .... sono proprio le situazioni in cui non mi vorrei mai trovare! 3) Signori, tutti noi dobbiamo tenere a mente che .... non hanno alcun diritto di imporci la loro volontà! 4) Ma sì! Certo che ho capito il tuo ragionamento! Ma .... cosa c'entra con .... che ti ho detto prima? 5) .... sì che è bella! Una cosa del genere non l'avevo mai sentita da nessuno! 6) Sono molto giù, perché Angela e Francesco si sono comportati male e mi hanno offeso. Lasciali perdere! .... non meritano proprio niente! 7) .... che non hanno ancora firmato il modulo, lo facciano entro questa sera. 8) Come? Non è possibile! Non ci credo. Non dirmi che ti piace ....! Ma non vedi quanto è antipatica e presuntuosa? 9) .... sono i nuovi progetti che il nostro studio ha realizzato. 10) "............... che è senza peccato, scagli la prima pietra!" 11) .... sono le ultime notizie che abbiamo adesso. 12) .... che lo desiderano, potranno trascorrere il pomeriggio libero in biblioteca. Che bello! .... sì che è un'idea fantastica! 13) Non dire niente a Sergio! .... è capace di raccontare tutto al primo che gli capita. 14) Lasciali perdere, ...! Non sono dei veri amici, come invece siamo noi! 15) .... fu l'unica volta che ebbe il coraggio di dirgli .... che pensava di lui. 16) Beatrice, ... che fu scelta da Dante come donna ideale, era di nobili origini fiorentine 17) .... non è il momento di fare polemiche! Non credi? 18) Hai voluto fare come volevi? E .... sono i risultati! Adesso non dirmi che è colpa mia!

Esercizi

32. >>> *Completare le frasi seguenti con tutti i pronomi dimostrativi che ritenete opportuni.*

Es. Tutto .... non mi piace affatto e voglio da voi delle scuse!
Tutto ***questo*** *(****ciò****) non mi piace affatto e voglio da voi della scuse!*

.... non sanno nulla e quindi è meglio non fargli domande.
Quelli *non sanno nulla e quindi è meglio non fargli domande.*

.... che hanno già finito il lavoro, possono andare a casa.
Coloro *(****quelli****) che hanno finito il lavoro, possono andare a casa.*

1) D'accordo, mi hai visto parlare con una ragazza giovane e bella. E con ....? Io stavo solo parlando e non facevo nulla di male! 2) Non siamo assolutamente d'accordo con .... che state dicendo. Inoltre, ... non è il momento per parlarne. 3) .... è l'occasione che stavano cercando e non possono lasciarsela sfuggire. 4) Lo vedi il libro che sta vicino a te? Ma sì, proprio ....! Non lo vedi? 5) .... credono di essere due donne molto affascinanti. 6) Non ho altro da dire. Ti ho raccontato tutto .... che sapevo. 7) Chi sarebbe ....? Se non è una persona importante, non ci voglio parlare! 8) Hai ragione, Maria, ... è vero, però dimentichi .... che ti ho detto ieri sera. 9) .... proprio non me la sarei mai aspettata da te! E io che ti ho sempre aiutato e difeso da tutti .... che volevano farti del male! Sei un vero traditore! 10) .... erano gli unici momenti in cui potevo stare un po' in pace. 11) Siamo tuoi amici e quindi faremo tutto .... che ci chiederai, senza pretendere da te nessuna spiegazione. 12) Mio nonno ha più di ottant'anni, ma nonostante .... ha una mente giovanissima. 13) .... è matto! Lo sai che cosa ha avuto il coraggio di chiedermi? 14) .... che non sono riusciti a terminare in tempo, hanno ancora qualche minuto a disposizione. 15) .... è l'ultima volta che te lo ripeto e spero che tu lo capisca finalmente! 16) Signori, permettetemi di farvi notare che .... non è la sede adatta per discutere di un problema così delicato. 17) .... lì non la voglio più rivedere! 18) Ma perché dici tutto ....? Secondo me non ne hai il diritto.

Test 11 >

Scegliere la frase giusta fra quelle proposte.

1. a. Stiamo bene attenti a questo che facciamo. ☐
   b. Stiamo bene attenti a quello che facciamo. ☐

2. a. Non sono d'accordo con quello che hai detto prima. ☐
   b. Non sono d'accordo con questo che hai detto prima. ☐

3. a. Chi è questa lì seduta in fondo alla sala? ☐
   b. Chi è quella lì seduta in fondo alla sala? ☐

4. a. Questa è la volta buona. Sono certo che diventerò direttore. ☐
   b. Quella è la volta buona. Sono certo che diventerò direttore. ☐

5. a. Giuro! Le ho detto tutto questo che sapevo, signor giudice. ☐
   b. Giuro! Le ho detto tutto quello che sapevo, signor giudice. ☐

6. a. Quelle hanno l'aria di chi si sta annoiando molto. ☐
   b. Quella hanno l'aria di chi si sta annoiando molto. ☐

7. a. Questo non è vero! Stai dicendo un sacco di bugie! ☐
   b. Quello non è vero! Stai dicendo un sacco di bugie! ☐

8. a. Lasciali perdere! Questi non sanno nulla di quanto è successo. ☐
   b. Lasciali perdere! Quelli non sanno nulla di quanto è successo. ☐

9. a. E questi qui che cosa sono? A che cosa servono? ☐
   b. E quelli qui che cosa sono? A che cosa servono? ☐

10. a. Questa foto è questa che ti ho scattato durante la gita. ☐
    b. Questa foto è quella che ti ho scattato durante la gita. ☐

11. a. Luigi ha fatto tutto quello che poteva per aiutarti. ☐
    b. Luigi ha fatto tutto questo che poteva per aiutarti. ☐

12. a. Ho abitato molti anni in quella casa laggiù, oltre la collina. ☐
    b. Ho abitato molti anni in questa casa laggiù, oltre la collina. ☐

Test 12 >>

Scegliere la frase giusta fra quelle proposte.

1. a. Va bene. Questa volta hai ragione tu. E con codesto? ☐
   b. Va bene. Questa volta hai ragione tu. E con quello? ☐
   c. Va bene. Questa volta hai ragione tu. E con ciò? ☐
2. a. Sono fortunati, ma questo non significa che siano più bravi. ☐
   b. Sono fortunati, ma ciò non significano che siano più bravi. ☐
   c. Sono fortunati, ma quello non significa che siano più bravi. ☐
3. a. Nostra figlia ha un nuovo fidanzato. Ah sì? E chi sarebbe costui? ☐
   b. Nostra figlia ha un nuovo fidanzato. Ah sì? E chi sarebbe colui? ☐
   c. Nostra figlia ha un nuovo fidanzato. Ah sì? E chi sarebbe ciò? ☐
4. a. Questo qui che state dicendo non ha nessun valore scientifico! ☐
   b. Codesto che state dicendo non ha nessun valore scientifico! ☐
   c. Quello che state dicendo non ha nessun valore scientifico! ☐
5. a. Colui che pensa di fare qui il proprio comodo, si sbaglia. ☐
   b. Costui che pensa qui di fare il proprio comodo, si sbaglia. ☐
   c. Ciò che pensa di fare qui il proprio comodo, si sbaglia. ☐
6. a. Costoro che non hanno idea di cosa sia la buona educazione! ☐
   b. Costoro non hanno idea di cosa sia la buona educazione! ☐
   c. Coloro che non hanno idea di cosa sia la buona educazione! ☐
7. a. Ragazze, coloro che vogliono fare l'esame devono iscriversi. ☐
   b. Ragazze, quelli che vogliono fare l'esame devono iscriversi. ☐
   c. Ragazze, colore che vogliono fare l'esame devono iscriversi. ☐
8. a. Ti ricordi? No, questo proprio non me la ricordo. ☐
   b. Ti ricordi? No, questa proprio non me la ricordo. ☐
   c. Ti ricordi? No, ciò proprio non me la ricordo. ☐
9. a. Giovanna ha l'influenza e questa vuol dire che non uscirà. ☐
   b. Giovanna ha l'influenza e quello vuol dire che non uscirà. ☐
   c. Giovanna ha l'influenza e questo vuol dire che non uscirà. ☐
10. a. Chi è quella? Boh! Io non l'ho mai vista prima d'ora. ☐
    b. Chi è quello? Boh! Io non l'ho mai vista prima d'ora. ☐
    c. Chi è questo? Boh! Io non l'ho mai visto prima d'ora. ☐

Test 13 >>>

Scegliere la frase giusta fra quelle proposte.

1. a. Questo non è proprio quello che mi aspettavo da te. ☐
   b. Ciò non è proprio ciò che mi aspettavo da te. ☐
   c. Quello non è proprio ciò che mi aspettavo da te. ☐
   d. Ciò non è proprio questo che mi aspettavo da te. ☐

2. a. Sono sicuro di ciò. Quella fu l'ultima volta che li vidi insieme. ☐
   b. Sono sicuro di quello. Questa fu l'ultima volta che li vidi insieme. ☐
   c. Sono sicuro di questo. Questa fu l'ultima volta che li vidi insieme. ☐
   d. Sono sicuro di quella. Quella fu l'ultima volta che li vidi insieme. ☐

3. a. Colei è una donna che tu non dovrai mai sposare! Capito? ☐
   b. Codesta una donna che tu non dovrai mai sposare! Capito? ☐
   c. Colei che è una donna che tu non dovrai mai sposare! Capito? ☐
   d. Codesta che è donna che tu non dovrai mai sposare! Capito? ☐

4. a. Questa proprio non me la dimentico! Questa è la goccia che fa traboccare il vaso! Ciò che mi hai fatto questa volta è del tutto imperdonabile! ☐
   b. Quella proprio non me la dimentico! Questa è la goccia che fa traboccare il vaso! Ciò che mi hai fatto questa volta è del tutto imperdonabile! ☐
   c. Questa proprio non me la dimentico! Questa è la goccia che fa traboccare il vaso! Quella che mi hai fatto questa volta è del tutto imperdonabile! ☐
   d. Ciò che proprio non me la dimentico! Questa è la goccia che fa traboccare il vaso! Ciò che mi hai fatto questa volta è del tutto imperdonabile! ☐

5. a. Solo questi che hanno più di diciotto anni possono votare. ☐
   b. Solo quelli che hanno più di diciotto anni possono votare. ☐
   c. Solo codesti che hanno più di diciotto anni possono votare. ☐
   d. Solo colui che hanno più di diciotto anni possono votare. ☐

6. a. Mi dici che ho sbagliato. E con quello? Che cosa significa ciò? Errare è umano e questa non è la prima né l'ultima volta che succede. ☐
   b. Mi dici che ho sbagliato. E con ciò? Che cosa significa quello? Errare è umano e questa non è la prima né l'ultima volta che succede. ☐
   c. Mi dici che ho sbagliato. E con questo? Che cosa significa ciò? Errare è umano e questa non è la prima né l'ultima volta che succede. ☐
   d. Mi dici che ho sbagliato. E con ciò? Che cosa significa ciò? Errare è umano e quella non è la prima né l'ultima volta che succede. ☐

7. a. La teoria del professore dice che questo che vedono i nostri occhi non sempre corrisponde alla realtà che ci circonda. ☐
   b. La teoria del professore dice che codesto che vedono i nostri occhi non sempre corrisponde alla realtà che ci circonda. ☐
   c. La teoria del professore dice che quello che vedono i nostri occhi non sempre corrisponde alla realtà che ci circonda. ☐
   d. La teoria del professore dice che questi che vedono i nostri occhi non sempre corrisponde alla realtà che ci circonda. ☐

8. a. Quella è l'occasione che aspettavo da tanto tempo. ☐
   b. Questa è l'occasione che aspettavo da tanto tempo. ☐
   c. Questa è l'occasione che aspettai da tanto tempo. ☐
   d. Quella è l'occasione che aspetto da tanto tempo. ☐

9. a. Quello che cerco di farti capire è esattamente ciò che tutti pensano, e cioè che quello non è l'uomo adatto a te. ☐
   b. Questo che cerco di farti capire è esattamente ciò che tutti pensano, e cioè che ciò non è l'uomo adatto a te. ☐
   c. Ciò che cerco di farti capire è esattamente questo che tutti pensano, e cioè che quello non è l'uomo adatto a te. ☐
   d. Quello che cerco di farti capire è esattamente questo che tutti pensano, e cioè che quello non è l'uomo adatto a te. ☐

10. a. Questo abito possono comprarlo coloro chi hanno molti soldi. ☐
    b. Questo abito possono comprarlo colui che ha molti soldi. ☐
    c. Questo abito può comprarlo coloro che hanno molti soldi. ☐
    d. Questo abito possono comprarlo coloro che hanno molti soldi. ☐

Ehi! Ma ***quella*** che vuole da noi? ***Questo*** non lo so. Io so solo che ***quello*** che ha detto non mi piace affatto. E ***quell***'altra? ***Quella*** che sta seduta vicino a ***quello*** grasso con il cappello? Anche lei ha qualcosa da dire? Ma perché non sta zitta?

6.
Pronomi indefiniti

. ***«Uno,a»***

Questo pronome si usa solo al singolare e si riferisce esclusivamente a persone. Viene utilizzato spesso per generalizzare: «uno» significa "una persona qualsiasi", "una persona qualunque". In questo caso, quando cioè viene pensata come forma impersonale, è sempre maschile.

Es. Quando ***uno*** *viaggia molto, di solito fa esperienze importanti.*
Uno *non può stare tutto il giorno in casa, senza fare niente, come te!*

Se ***uno*** *non volesse accettare le vostre proposte, che succederebbe?*
Quando ***uno*** *si comporta in quel modo, non ha il diritto a nessuna scusa.*

*Ma questo pronome sta a indicare anche "un tale", "un tipo", "una certa persona" indefinita; una persona che per noi non ha molta importanza, di cui sappiamo poco o niente e che conosciamo appena o non conosciamo affatto. In questo caso può essere anche femminile, «**una**»*

Es. Stamattina ti ha cercato ***uno*** *che aveva bisogno di parlarti con urgenza.*
Alla festa di ieri sera ho parlato con ***una*** *che diceva di conoscerti bene.*

Uno *dei presenti ha fatto una proposta che mi è sembrata interessante.*
Caro, chi era quella donna con cui parlavi? È ***una*** *che non conosci, cara.*

Senti, c'è ***uno*** *al telefono che ha bisogno di un'informazione urgente.*
Senti, c'è ***una*** *al telefono che ha bisogno di un'informazione urgente.*

Qualche volta è accompagnato anche da «altro»; in questo caso si presenta al maschile, femminile, singolare e plurale e bisogna mettere l'articolo davanti a tutti e due.

Es. Allora, quale di questi due quadri ti piace? Non mi piace né ***l'uno****, né* ***l'altro****.*
Sia ***gli uni*** *che* ***gli altri*** *dovrebbero capire che non si può andare avanti così.*

L'una *sarebbe disposta a scusarsi, ma* ***l'altra*** *non ne ha nessuna intenzione.*
Non solo ***le une****, ma anche* ***le altre*** *avrebbero bisogno di essere rimproverate.*

. *«**Ognuno,a**»; («**ciascuno,a**»)*

Questo pronome si usa solo al singolare. Si riferisce a persone e cose e significa: "ogni persona", "ogni cosa"; "tutte le persone", "tutte le cose".

*Es. In democrazia **ognuno** ha il diritto di esprimere le proprie opinioni.*
*L'anno scorso **ciascuno** dei dipendenti ha avuto un premio a Natale.*

***Ognuna** delle mie sorelle si è sposata con uomini belli ma poveri.*
*Ragazze, **ciascuna** di voi può decidere in assoluta libertà che cosa fare.*

***Ognuno** di questi quadri può essere considerato una grande opera d'arte.*
***Ciascuna** di queste sculture è stata esposta nei più importanti musei.*

. *«**Qualcuno,a**» («**qualcheduno,a**»)*

Questo pronome si usa solo al singolare. Si riferisce alle persone e, meno frequentemente, alle cose e significa: "una persona", "una cosa"; "qualche persona", "qualche cosa"; un numero imprecisato, indefinito, ma comunque piccolo.

*Es. Fuori c'è **qualcuno** che ha chiesto di te. Che cosa devo dirgli?*
*C'è sempre **qualcuno** che crede di essere più furbo degli altri.*
*Conosci **qualcuna** di quelle persone che sono venute ieri sera?*
*Soltanto **qualcuno** di questi giornali non ha pubblicato la notizia.*
*Fra tutte queste sculture, ce ne sarà **qualcuna** che gli interessa!*

*Qui c'è **qualcheduno** che crede di potermi prendere in giro.*
*Ho fatto molte fotografie, ma solo **qualcheduna** è venuta bene.*

① **Nota**: *«**qualcun altro**», «**qualcun'altra**».*

Quando «qualcuno» è accompagnato da «altro», si deve troncare , e dunque non si apostrofa: «qualcun altro». Quando invece è accompagnato da «altra», non si tronca ma si elide** , e dunque si deve apostrofare: «qualcun'altra».*

Es. Chi ti ha detto queste cose? È stato Paolo? No, me le ha dette <u>qualcun altro</u>.
Chi ti ha detto queste cose? È stata Paola? No, me le ha dette <u>qualcun'altra</u>.

***troncare; troncamento**: *è la caduta, l'eliminazione della parte finale di una parola, che generalmente non richiede l'apostrofo.*

****elidere; elisione**: *con questa parola si intende la soppressione della vocale finale atona (cioè senza accento) e la sua sostituzione con l'apostrofo.*

. *«**Chiunque**»*

Questo pronome si usa solo al singolare. Si riferisce esclusivamente a persone; è uguale per il maschile e il femminile e significa "qualunque persona", "non importa chi".

Ricordiamoci che «chiunque», quando è seguito da un verbo, vuole sempre il Congiuntivo.

*Es. Signorina, a **chiunque** venga Lei deve dire che sono molto occupato.*
__Chiunque__ abbia detto queste cose non può che essere un pazzo!
*Dobbiamo dare tutte le spiegazioni del caso a **chiunque** le chieda.*

*Questo lavoro è talmente facile che può farlo **chiunque**.*
*Puoi chiedere a **chiunque**. Ti diranno tutti la stessa cosa.*

② **Nota**: *«**chicchessia**».*

Questo pronome ha lo stesso significato di «chiunque», ma è molto meno usato, sia nella lingua scritta che in quella parlata.

*Es. Puoi chiedere a **chicchessia**. Ti diranno tutti la stessa cosa.*

. *«**Niente**» («**nulla**»)*

Questi due pronomi (del tutto sinonimi) si usano solo al singolare. Si riferiscono esclusivamente a cose e significano: "nessuna cosa".

*Es. Lo giuro, signor giudice. Io non c'ero. Non ho visto, né sentito **niente**.*
*Avete preso una decisione? No, non abbiamo ancora deciso **nulla**.*

__Niente__ di tutto quello che ha detto lui è vero. Solo io conosco la verità.
*Ma come puoi stare con le mani in mano e non fare **nulla** tutto il giorno?*

③ **Nota**: *quando questo pronome precede il verbo, non crea problemi e si comporta esattamente come un nome. Quando invece segue il verbo, dobbiamo ricordarci di mettere prima «non», creando una doppia negazione.*

*Es. **Niente** li spaventa.*	*(«niente» è prima del verbo, senza «non»)*
***Non** li spaventa **niente**.*	*(«niente» è dopo il verbo, con «non»)*
***Nulla** può convincerci*	*(«nulla» è prima del verbo, senza «non»)*
Non** può convincerci **nulla	*(«nulla» è dopo il verbo, con «non»)*

④ **Nota**: *I pronomi «niente» e «nulla» danno luogo a molte espressioni. Ecco qui di seguito le più frequenti:*

*«**buono a nulla**»; «**nonnulla**»; «**cosa da nulla**» («**cosa da niente**»); «**per nulla**» («**per niente**»); «**di nulla**» («**di niente**»); «**non fa nulla**» («**non fa niente**»); «**fare finta di nulla**» («**fare finta di niente**»); «**non farsi nulla**» («**non farsi niente**»).*

*Es. Quell'uomo è un **buono a nulla**. Non è intellligente, non ha nessuna capacità.*
*Si arrabbia sempre per un **nonnulla**, per ogni piccola cosa senza importanza.*

*Non preoccuparti. Non è importante: è una **cosa da nulla** (**cosa da niente**).*
*Siamo assolutamente contrari. Non siamo **per niente** (**per nulla**) d'accordo.*

*Grazie per l'aiuto, signor Floriani. **Di nulla** (**di niente**), signora. S'immagini...*
*Scusa se ti telefono così presto. **Non fa niente** (**non fa nulla**). Ero già sveglia.*

***Fa finta di nulla** (**di niente**); finge di non accorgersi di quello che succede.*
*Paola è caduta, ma **non si è fatta niente** (**non si è fatta nulla**) e sta bene.*

. «*Nessuno,a*»

Questo pronome si usa solo al singolare; si riferisce a persone e cose e significa "nessuna persona", "nessuna cosa".

*Es. **Nessuno** sa con precisione quello che è successo a Lucia.*
***Nessuno** ha capito quello che volevano dire con quella frase.*

***Nessuno** può accusarmi di essermi comportata in modo scorretto!*
*Prima della partenza **nessuno** deve oltrepassare la linea bianca.*

*Ho visitato tante chiese, ma **nessuna** mi è piaciuta tanto quanto questa.*
*Sono certa che **nessuna** di quelle ragazze è mai stata nella nostra scuola.*

⑤ **Nota**: *quando questo pronome precede il verbo, non crea problemi e si comporta esattamente come un nome. Quando invece segue il verbo, dobbiamo ricordarci di mettere prima «non», creando una doppia negazione.*

*Es. **Nessuno** lo vuole accettare.* *(«nessuno» è prima del verbo, senza «non»)*
***Non** lo vuole accettare **nessuno**.* *(«nessuno» è dopo il verbo, con «non»)*

***Nessuno** è venuto alla festa.* *(«nessuno» è prima del verbo, senza «non»)*
***Non** è venuto **nessuno** alla festa.* *(«nessuno» è dopo il verbo, con «non»)*

. «Molto,a» («tanto,a»); «poco,a»; «troppo,a»; «parecchio,a»

Tutti questi pronomi si usano al singolare e al plurale e si riferiscono a persone e cose.

Es. ***Molti** non conoscono la vera storia di quell'uomo.*
*Con il nuovo lavoro Giovanni guadagna **molto** (**poco**).*

***Tanti** come te hanno avuto fiducia in lui e sono rimasti delusi.*
***Pochi** di loro sapevano che era ormai troppo tardi per agire.*
*Ragazzi, **troppi** di voi non hanno ancora capito che bisogna studiare!*

*Quanto costa questa macchina? Costa **parecchio**, ma vale il suo prezzo.*
*Per fare questo lavoro ci vuole molta energia e loro ne hanno **parecchia**.*

. «Tutto,a»

Questo pronome si usa al singolare e al plurale; si riferisce a persone (solo al plurale) e cose e significa "tutte le persone", "tutte le cose".

*Es. Finalmente ho capito chi sei. Adesso so **tutto** di te.*
*Ti è piaciuta la pasta? Certo, l'ho mangiata **tutta**.*

*Alla festa di ieri sera a casa mia c'erano proprio **tutti**.*
*Ragazze, siamo **tutte** invitate alla festa di Giacomo!*

⑥ **Nota**: *quando questo pronome è seguito da un numerale (due, tre, quattro...) è sempre seguito dalla congiunzione «e».*

*Es. Marianna, chi preferisci, Luciano o Bernardo? Mi piacciono **tutti e due**.*
*Paolo, chi preferisci Anna o Lucia? Mi piacciono **tutt'e due** (**tutte e due**).*

. «Alcuno,a»

Questo pronome si usa soprattutto al plurale («alcuni,e»). Si riferisce a persone (più frequentemente) e a cose e significa "qualcuno,a".

Es. ***Alcuni** credono che non sia difficile raggiungere questi obiettivi.*
*Signori, vi ricordo che **alcune** delle opere esposte sono in vendita.*

***Alcuni** hanno già firmato la proposta, mentre altri sono ancora indecisi.*
***Alcune** di voi hanno già capito a che cosa si riferiscono quelle parole.*

⑦ **Nota**: *Attenzione! Indefiniti pronomi e indefiniti aggettivi.*

Ricordiamoci che i pronomi indefiniti «uno,a»; «ognuno,a» («ciascuno,a»); «qualcuno,a» («qualcheduno,a»); «chiunque» e «niente» («nulla») sono solo pronomi.
Invece, «nessuno»; «molto,a» («tanto,a»); «poco,a»; «troppo,a»; «parecchio,a»; «tutto,a»; e «alcuno,a» sono usati anche come aggettivi, quando accompagnano il nome e non lo sostituiscono.

Es.	*Nessuna delle sorelle di Giovanni si è sposata.*	*(pronome)*
	Nessuna ragazza è stata bocciata all'esame di italiano.	*(aggettivo)*
	Abbiamo lavorato bene, ma molto resta ancora da fare.	*(pronome)*
	Ieri sera alla festa Giorgio e Stefano hanno bevuto molto vino.	*(aggettivo)*
	A cena da Sergio ho mangiato poco, perché non avevo fame.	*(pronome)*
	A cena da Sergio ho mangiato poco pane, perché sono a dieta.	*(aggettivo)*
	Troppi fra voi non hanno ancora capito come comportarsi.	*(pronome)*
	Troppi ragazzi non hanno ancora capito come comportarsi.	*(aggettivo)*
	Quanti soldi hai speso in quel negozio? Ne ho spesi parecchi.	*(pronome)*
	Ieri in quel bel negozio di scarpe ho speso parecchi soldi.	*(aggettivo)*
	Tutti hanno accettato di partecipare al nostro gioco.	*(pronome)*
	Tutti i ragazzi hanno deciso di partecipare al nostro gioco.	*(aggettivo)*
	Solo alcuni capiscono l'importanza di questa decisione.	*(pronome)*
	Alcune persone capiscono l'importanza di questa decisione.	*(aggettivo)*

Esercizi

33. > *Completare le frasi seguenti con i pronomi indefiniti, scegliendo fra: «uno,a»; «ognuno,a» («ciascuno,a»); «qualcuno,a» («qualcheduno,a»); «chiunque»; «nessuno,a»; e «tutto,a».*

Es. A .... mi cerchi, devi dire che non sono in casa.
A ***chiunque*** *mi cerchi, devi dire che non sono in casa.*

Questa vecchia villa è vuota. .... ci abita da anni.
Questa vecchia villa è vuota. ***Nessuno*** *ci abita da anni.*

1) Chi è quella ragazza seduta accanto a tua madre? Mah, ... che non conosco e che vedo oggi per la prima volta. 2) In democrazia .... ha il diritto di esprimere liberamente tutte le proprie idee. 3) Signori, soltanto .... fra voi può avere detto quelle brutte cose, e io credo di sapere il suo nome. 4) Sta' attento a non fare troppo rumore! .... potrebbe sentirci e avvertire la polizia! 5) Non sentite che il telefono squilla? .... potrebbe rispondere, per favore? 6) È permesso entrare? C'è .... in casa? 7) Spero che .... abbiano capito che non possiamo più continuare con questo sistema. 8) Mi dispiace signore, ma non posso aiutarLa. In questo momento in ufficio non c'è ....: sono andati .... via. 9) Signora, riconosce fra questi dieci uomini .... di quelli che L'hanno derubata? No, sono certa che non è stato .... di loro. 10) .... di voi deve fare il proprio dovere. 11) C'è in giro .... che dice delle strane cose sul tuo conto. Potresti dirmi se sono vere? 12) Mentre eri fuori ti ha cercato una ragazza: .... che aveva bisogno di parlarti con urgenza. 13) Fra tutte le opere che ho visto esposte in questo museo, ... mi ha colpito quanto questa. 14) Ragazze, devo ringraziarvi .... per l'aiuto che mi avete dato e voglio dire a .... di voi che senza la vostra collaborazione non ce l'avrei mai fatta. 15) .... sia in grado di dare notizie utili alla cattura del malvivente, è pregato di rivolgersi alla polizia. 16) Vorrei tanto che .... mi desse una mano, ma a quanto pare .... è disposto ad aiutarmi.

Esercizi

34. >> *Completare le frasi seguenti con i pronomi indefiniti, scegliendo fra: «uno,a»; «ognuno,a» («ciascuno,a»); «qualcuno,a» («qualcheduno,a»); «chiunque»; «nessuno,a»; «tutto,a»; «niente» («nulla»); «molto,a» («tanto,a»); «poco,a»; «troppo,a»; «parecchio,a» e «alcuno,a».*

Es. Solo .... sono disposti a collaborare con loro.
*Solo **alcuni** sono disposti a collaborare con loro.*

Non possiamo riposarci. C'è ancora .... da fare.
*Non possiamo riposarci. C'è ancora **molto** (**tanto**) da fare.*

1) Manca ancora .... alla fine della lezione, ma noi siamo già stanchi. 2) .... voi conoscete l'importanza del lavoro che ci attende e .... di voi sa che questa volta non possiamo fallire. 3) Questo è davvero ....! Ma come ti permetti di parlarmi così? 4) .... di loro non hanno ancora capito che cosa devono fare esattamente. 5) Sono .... a non essere d'accordo con le tue proposte; soltanto .... hanno approvato quello che hai detto. 6) Perché sei così triste? Che cos'hai? .... Sono solo un po' stanca. 7) Qui dentro c'è .... che non dice la verità. 8) Sei il solito testardo. Vuoi sempre o .... o ...., mentre invece dovresti capire che c'è sempre una via di mezzo. 9) Quel poliziotto sta chiedendo ai passanti se .... di loro ha visto in faccia il ladro, ma sembra che .... l'abbia visto bene. 10) Sarà data l'autorizzazione a .... ne faccia richiesta. 11) Per forza ti senti male. Ieri sera hai bevuto e mangiato ....! 12) Davide, fuori c'è .... che dice di chiamarsi Paola e ha bisogno di parlare con te. 13) Se .... telefona durante la mia assenza, digli che torno fra poco. 14) Quando siamo andati a cercarlo era già troppo tardi, perché a casa non c'era più .... 15) Luca, da quanto tempo non ci vediamo? È .... che non ci incontriamo. 16) Finalmente Piero ha trovato un lavoro con cui guadagna bene, perché con quello di prima guadagnava davvero .... 17) Basta! Questo è ....! 18) Sono stanca e non voglio vedere ....

Esercizi

35. >>> *Completare le frasi seguenti con tutti i pronomi indefiniti che ritenete opportuni.*

Es. È un film che dobbiamo assolutamente vedere. Ne parlano ....
È un film che dobbiamo assolutamente vedere. Ne parlano ***tutti.***

Mi dispiace Carlo, ma non è te che amo. Amo ....
Mi dispiace Carlo, ma non è te che amo. Amo ***qualcun altro****.*

Chi è più simpatico, Romano o Gino? Sono .... simpatici.
Chi è più simpatico, Romano o Gino? Sono ***tutti e due*** *simpatici.*

1) Angela e Giuliana dovrebbero smetterla di litigare. .... dovrebbero capire che è giunto il momento di fare la pace. 2) Sono certa che .... pensano la stessa cosa, ma .... ha il coraggio di parlare. 3) Non è stato Giovanni a rompere il vetro. È stato .... 4) L'avvocato mi ha detto che .... gioca a sfavore dell'imputato e difficilmente sarà dichiarato innocente. 5) Credo che .... fra voi abbia il diritto di giudicare quest'uomo per il suo comportamento! 6) Vorrei ricordarti che nel nostro ordinamento giuridico .... ha il diritto di essere difeso da un avvocato! E non dimenticare che la legge è uguale per ....! 7) Luciana ha pagato davvero .... per quella vecchia macchina che ormai .... vuole più. 8) Daniele ha detto a Beatrice che non la vuole più sposare, perché si è innamorato di .... 9) Non fare finta di ....! Sai bene che sto parlando di te. 10) .... sono favorevoli alla proposta del direttore, mentre altri sono molto scettici. Comunque, ... hanno espresso la propria opinione. 11) Non possiamo fare niente oggi. .... è rimandato a domani. 12) Si è fatta male, signora? Posso aiutarLa? No, grazie. Non mi sono fatta .... 13) C'è .... che vuole aggiungere qualcosa a quello che abbiamo detto? ....? Bene. Allora la riunione è terminata: dichiaro sciolta la seduta. 14) Potete domandare questo a .... Vi diranno .... la stessa cosa. 15) Lascialo perdere quello lì! È solo un ....

Test 14 >

Scegliere la frase giusta fra quelle proposte.

1. a. Qui ognuno può dire tutto ciò che pensa. ☐
   b. Qui ognuni possono dire tutto ciò che pensano. ☐

2. a. Se gli uni non hanno il passaporto, possono entrare? ☐
   b. Se uno non ha il passaporto, può entrare? ☐

3. a. Fuori c'è qualcuno che ti cerca. ☐
   b. Fuori c'è qualcheduni che ti cercano. ☐

4. a. Queste informazioni vanno date a chiunque le chiede. ☐
   b. Queste informazioni vanno date a chiunque le chieda. ☐

5. a. Chi hai visto passare per questa strada? Ho visto nessuno. ☐
   b. Chi hai visto passare per questa strada? Non ho visto nessuno. ☐

6. a. Quanto guadagni adesso, Giorgio? Guadagno molti. ☐
   b. Quanto guadagni adesso, Giorgio? Guadagno molto. ☐

7. a. Qualcheduno ti ha cercato mentre non c'eri. ☐
   b. Alcuno ti ha cercato mentre non c'eri. ☐

8. a. Sta' tranquilla! Adesso tutti sono chiari. ☐
   b. Sta' tranquilla! Adesso tutto è chiaro. ☐

9. a. Con questi occhiali scuri si vede niente! ☐
   b. Con questi occhiali scuri non si vede niente! ☐

10. a. L'uni e l'altri dovrebbero fare uno sforzo di tolleranza. ☐
    b. Gli uni e gli altri dovrebbero fare uno sforzo di tolleranza. ☐

11. a. Siete a posto, ragazze? Sì, siamo tutti pronte. ☐
    b. Siete a posto, ragazze? Sì, siamo tutte pronte. ☐

12. a. Quanto hai pagato questa casa? L'ho pagata parecchio. ☐
    b. Quanto hai pagato questa casa? L'ho pagata parecchia. ☐

Test 15 >>

Scegliere la frase giusta fra quelle proposte.

1. a. Credo che sia l'una che altra debbano chiedere scusa. ☐
   b. Credo che sia una che altra debbano chiedere scusa. ☐
   c. Credo che sia le une che le altre debbano chiedere scusa. ☐

2. a. Qualcuno ti ha riconosciuto? No, mi ha visto nessuno. ☐
   b. Qualcuno ti ha riconosciuto? No, mi non ha visto nessuno. ☐
   c. Qualcuno ti ha riconosciuto? No, non mi ha visto nessuno. ☐

3. a. Solamente alcuni possono essere ammessi all'esame. ☐
   b. Solamente qualcuni possono essere ammessi all'esame. ☐
   c. Solamente alcuno può essere ammesso all'esame. ☐

4. a. È parecchio che non vedo tuo fratello. Come sta? ☐
   b. Sono parecchi che non vedono tuo fratello. Come sta? ☐
   c. Sono molti che non vedono tuo fratello. Come sta? ☐

5. a. Scusa, ti ho fatto male? Non ti preoccupare. Fa niente. ☐
   b. Scusa, ti ho fatto male? Non ti preoccupare. Fa nulla. ☐
   c. Scusa, ti ho fatto male? Non ti preoccupare. Non fa niente. ☐

6. a. Se uno si sentono male, a quale numero può telefonare? ☐
   b. Se uno si sente male, a quale numero può telefonare? ☐
   c. Se l'uno si sente male, a quale numero può telefonare? ☐

7. a. Ti amo! Niente non è importante come te nella mia vita! ☐
   b. Ti amo! Niente è importante come te nella mia vita! ☐
   c. Ti amo! Niente è non importante come te nella mia vita! ☐

8. a. Basta! Fa' silenzio, perché questi sono davvero troppi! ☐
   b. Basta! Fa' silenzio, perché questa è davvero troppa! ☐
   c. Basta! Fa' silenzio, perché questo è davvero troppo! ☐

9. a. Una di loro è stato visto girare per le strade di notte. ☐
   b. Uno di loro è stata vista girare per le strade di notte. ☐
   c. Una di loro è stata vista girare per le strade di notte. ☐

10. a. Sia le une che le altre sono partite ieri mattina presto. ☐
    b. Sia l'une che le altre sono partite ieri mattina presto. ☐
    c. Sia le une che le altre sono partiti ieri mattina presto. ☐

Test 16 >>>

Scegliere la frase giusta fra quelle proposte.

1. a. Questa frase può essere capita da chiunque. ☐
   b. Questa frase possa essere capita da chiunque. ☐
   c. Questa frase può essere capita da qualunque. ☐
   d. Questa frase possa essere capita da qualcheduno. ☐

2. a. Ognuno hanno il diritto di esprimere le proprie idee e tutti hanno il dovere di rispettare l'opinione degli altri. ☐
   b. Ciascuno hanno il diritto di esprimere le proprie idee e tutti hanno il dovere di rispettare l'opinione degli altri. ☐
   c. Qualcuno ha il diritto di esprimere le proprie idee e tutti hanno il dovere di rispettare l'opinione degli altri. ☐
   d. Ognuno ha il diritto di esprimere le proprie idee e tutti hanno il dovere di rispettare l'opinione degli altri. ☐

3. a. Non sono stata io a rompere il vetro. È stato qualcun altro. ☐
   b. Non sono stata io a rompere il vetro. È stata qualcun altra. ☐
   c. Non sono stata io a rompere il vetro. È stato qualcun'altro. ☐
   d. Non sono stata io a rompere il vetro. È stata qualcunaltro. ☐

4. a. Roberto è nervoso in questo periodo. Si arrabbia sempre per un nonniente. Qualcuno dovrebbe dirgli qualcosa. ☐
   b. Roberto è nervoso in questo periodo. Si arrabbia sempre per un nonnulla. Uno dovrebbe dirgli qualcosa. ☐
   c. Roberto è nervoso in questo periodo. Si arrabbia sempre per un nonnulla. Qualcuno dovrebbe dirgli qualcosa. ☐
   d. Roberto è nervoso in questo periodo. Si arrabbia sempre per un nonniente. Ciascuno dovrebbe dirgli qualcosa. ☐

5. a. Sappiamo tutti di voi, ma di quella donna sappiamo niente. ☐
   b. Sappiamo tutto di voi, ma di quella donna non sappiamo nulla. ☐
   c. Sappiamo tutto di voi, ma di quella donna sappiamo niente. ☐
   d. Sappiamo tutti di voi, ma di quella donna non sappiamo nulla. ☐

6. a. Tutte le tre volte che ti ho aiutato, non mi hai ringraziato. ☐
   b. Tutte tre le volte che ti ho aiutato, non mi hai ringraziato. ☐
   c. Tutte tre volte che ti ho aiutato, non mi hai ringraziato. ☐
   d. Tutt'e tre le volte che ti ho aiutato, non mi hai ringraziato. ☐

7. a. Permesso? Possiamo entrare? C'è alcuno in casa? ☐
   b. Permesso? Possiamo entrare? C'è uno in casa? ☐
   c. Permesso? Possiamo entrare? C'è qualcuno in casa? ☐
   d. Permesso? Possiamo entrare? C'è nulla in casa? ☐

8. a. Alcune di loro pensano che tu abbia sbagliato ad agire così ☐
   b. Qualcuni di loro pensano che tu abbia sbagliato ad agire così. ☐
   c. Alcuno di loro pensa che tu abbia sbagliato ad agire così. ☐
   d. Qualcuno di loro pensano che tu abbia sbagliato ad agire così. ☐

9. a. Devo dirvi che in questo ufficio ci sono solo pochi che fanno il loro dovere! Molto sono coloro che non lavorano e troppi quelli che arrivano puntualmente in ritardo! ☐
   b. Devo dirvi che in questo ufficio c'è solo pochi che fanno il loro dovere! Molti sono coloro che non lavorano e troppi quelli che arrivano puntualmente in ritardo! ☐
   c. Devo dirvi che in questo ufficio ci sono solo pochi che fanno il loro dovere! Molti sono coloro che non lavorano e troppi quelli che arrivano puntualmente in ritardo! ☐
   d. Devo dirvi che in questo ufficio ci sono solo pochi che fanno il loro dovere! Molti coloro che non lavorano e troppi quelli che arrivano puntualmente in ritardo! ☐

10. a. Nessuno vuole parlare con lui, dopo quello che ha fatto. Solo qualcheduno gli ha rivolto la parola. ☐
    b. Nessuno non vuole parlare con lui, dopo quello che ha fatto. Solo qualcuno gli ha rivolto la parola. ☐
    c. Nessuno vuole parlare con lui, dopo quello che ha fatto. Solo alcuni gli ha rivolto la parola. ☐
    d. Nessuno vuole parlare con lui, dopo quello che ha fatto. Solo alcuno gli ha rivolto la parola. ☐

Se ***qualcuno*** telefona, che cosa devo dirgli? Non gli devi dire ***niente***. ***Chiunque*** sia, rispondi che non sono in ufficio. Digli che non c'è ***nessuno***, che sono quasi ***tutti*** in vacanza e i ***pochi*** rimasti non hanno tempo di rispondere al telefono.

Parte seconda

Verbi, locuzioni ed espressioni idiomatiche con i pronomi

Andarsene

Andare via

Es. Basta! Non ti voglio più vedere! ***Me ne vado*** *per sempre!*
È tardi. ***Ce ne andiamo****, se no perdiamo anche l'ultimo autobus.*
Che fai? ***Te ne vai*** *già? Resta ancora un po'! Non è molto tardi.*

- *to go away (off); to leave.*
- *s'en aller.*
- *fortgehen; weggehen.*
- *irse; marcharse.*

Aspettarsela (aspettarselo)

Prevedere una situazione; avere un'aspettativa

Es. ***Te l'aspettavi*** *una notizia simile? No, proprio non* ***me l'aspettavo****!*
C'era da ***aspettarselo*** *che Luca non avrebbe superato questo esame.*
Me la sarei aspettata *da tutti, ma non da te! Sono molto deluso.*

- *to expect.*
- *s'attendre.*
- *sich etwas erwarten.*
- *esperar; imaginar.*

Avercela

Essere arrabbiati con qc.; provare rabbia, rancore o antipatia per qc.

Es. **Ce l'ho** *con Gianfranco perché mi ha fatto molto male.*
Ma si può sapere perché **ce l'hai** *tanto con me? Che cosa ti ho fatto?*
No, non **ce l'ho** *con te: è con Stefano che sono arrabbiata!*

- *to be angry (annoyed) with s.o; to have it in for s.o.*
- *être fâché avec qc.*
- *mit jemanden böse sein.*
- *tener a alguien entre ceja y ceja; tenerla tomada con alg. estar enfadado,a.*

Averne fin sopra i capelli

Essere stanchi di q.c.; essere esasperati

Es. Siamo stanchi di sopportarlo. **Ne abbiamo fin sopra i capelli** *di lui.*
La mia pazienza è finita! **Ne ho fin sopra i capelli** *del tuo disordine!*
So che **ne hai fin sopra i capelli**, *ma abbi ancora un po' di pazienza!*

- *to be fed up; to be sick to death.*
- *en avoir par dessus la tête.*
- *die Nase gestrichen voll haben.*
- *estar requeteharto de algo; estar uno hasta el gorro.*

Cavarsela

Uscire più o meno bene da una situazione difficile; riuscire

Es. Non è una situazione facile, ma anche questa volta **me la caverò**.
L'esame di biologia è stato molto difficile, ma **me la sono cavata**.
Parli bene l'italiano? No, non lo parlo molto bene, ma **me la cavo**.

- *to get by; to manage fairly well.*
- *se tirer d'affaire; s'en sortir.*
- *davonkommen.*
- *arreglárselas; apañarselas*

Darla vinta

Accontentare; acconsentire a una richiesta

*Es. Perché glie**la dai** sempre **vinta**? Ogni tanto faresti bene a dire di no.*
*Questo bambino è viziato dai genitori. Glie**la danno** sempre **vinta**.*
*Hai fatto male a **darla vinta** a tuo marito. Sai bene che aveva torto.*

- *to let s.o. have his way.*
- *céder; laisser faire.*
- *jemandem nachgeben.*
- *ceder; consentir.*

Darla a bere

Far credere una storia a qc., sfruttando la sua ingenuità

*Es. A chi vuoi **darla a bere**? Non crederò mai a una storia come questa.*
*Glie**l'hai data a bere**? Certo! Ha creduto a tutto quello che gli ho detto.*
*Non riuscirai a **darla a bere** a uno come me. Non sono un ingenuo io!*

- *to fool; to take s.o. in; (to put one over on s.o.).*
- *faire avaler (fig.).*
- *jemandem etwas weismachen/forteuschen.*
- *engañar; hacerle creer a alguien que.*

Darsela a gambe

Scappare via; fuggire

*Es. Ho avuto paura di restare in quel posto e **me la sono data a gambe**.*
*Faresti bene ad affrontare la situazione, invece di **dartela a gambe**.*
*Hai paura, eh? **Te la dai a gambe**? Vieni qui se hai il coraggio!*

- *to take to one's heels.*
- *filer à toutes jambes.*
- *sich aus dem Staub machen; sich davonmachen.*
- *echar a correr; salir corriendo; poner pies en polvorosa.*

Farcela

Riuscire; essere in grado

Es. ***Ce la fai*** *a portare quella valigia così pesante fino al taxi?*
Com'è andato l'esame di italiano? ***Ce l'ho fatta****! L'ho superato.*
Puoi aiutarmi, per favore? Non ***ce la faccio*** *da solo.*

- *to manage; to make it.*
- *réussir; arriver.*
- *es schaffen.*
- *poder; lograr; (no) dar abasto.*

Farla finita

Smettere definitivamente; (fig.) suicidarsi

Es. Perché non ***la fai finita*** *una volta per tutte con queste stupidaggini?*
Non sopporto più questo rumore. Per favore, Gianni, ***falla finita****!*
Sei d'accordo se ***la facciamo finita*** *e smettiamo di litigare?*
L'uomo ha deciso di ***farla finita*** *gettandosi dal quarto piano.*

- *to have done with s.th.; to put an end to one's life.*
- *en finir; arrêter; césser; se suicider.*
- *sich umbringen; sich das Leben nehmen.*
- *acabar de una vez; dejarlo; suicidarse.*

Farla franca

Uscire impunito da qualcosa di poco onesto; non subire punizioni

Es. Era colpevole, ma ***l'ha fatta franca*** *perché mancavano le prove.*
Il ladro ***l'ha fatta franca****, correndo più velocemente dei poliziotti.*
Gli assassini sono stati presi e non riusciranno a ***farla franca****!*

- *to get away with.*
- *se tirer d'affaire.*
- *ungeschoren; davonkommen.*
- *salir bien parado; librarse; escapar.*

Farla grossa

Combinare un pasticcio; creare un problema, un guaio

*Es. Stavolta **l'hai fatta** troppo **grossa** e i tuoi genitori non ti perdoneranno.*
***L'ho fatta grossa**! Ho dimenticato il compleanno di mia moglie!*
*Questa volta **l'abbiamo fatta** davvero **grossa**. Il problema è serio.*

- *to make a fine mess.*
- *en faire de belles.*
- *eine grosse Dummheit machen.*
- *haberla hecho buena; armarla gorda.*

Farne di cotte e di crude (farne di tutti i colori)

Fare molte cose, molte esperienze, considerate in genere non esemplari

*Es. Da piccola ero molto vivace e **ne facevo** sempre **di cotte e di crude**.*
*Ora è un uomo tranquillo, ma nella sua vita **ne ha fatte di tutti i colori**.*
*Il bambino, dopo **averne fatte di cotte e di crude**, si è addormentato.*

- *to be up to all kinds of mischief.*
- *faire les quatre cents coups.*
- *allerlei anstellen.*
- *hacer de las suyas; hacer alguna.*

Filarsela

Svignarsela; squagliarsela; scappare via; fuggire

*Es. Non mi piaceva restare a quella festa e **me la sono filata** di nascosto.*
*Perché non rimani qui ad affrontare la situazione, invece di **filartela**?*
*Il ladro **se l'è filata** e il poliziotto non è riuscito a riprenderlo.*

- *to sneak away; (to beat it).*
- *s'esquiver; décamper.*
- *sich dünn machen; sich af dem Staub machen.*
- *largarse; esfumarse.*

Finirla

Smetterla; smettere una cosa che si sta facendo

Es. Per favore, ***la finisci*** *di fare questo rumore? Ho mal di testa.*
Ragazzi, ***finitela*** *una buona volta di chiacchierare e ascoltate!*
Silvia, quando ***la finirai*** *di innamorarti solo di uomini egoisti?*

- *to stop it.*
- *cesser; arrêter.*
- *aufhören.*
- *dejar de (hacer algo).*

Godersela

Spassarsela; divertirsi senza limiti e riserve

Es. La vita, amico mio, è troppo breve per non ***godersela*** *in pieno!*
Sono felice perché questa vacanza ***me la sono*** *proprio* ***goduta****!*
È un egoista. Vuole solo ***godersela*** *e non pensa mai agli altri.*

- *to have a good time; to enjoy o.s.*
- *prendre grand plaisir; se payer du bon temps.*
- *sich vergnügen; sich amüsieren; geniessen.*
- *divertirse; disfrutar; pasarlo bien.*

Legarsela al dito

(fig.) Ricordarsi bene di un torto ricevuto; non dimenticarsi

Es. Non ti perdono per quello che hai fatto. ***Me la lego al dito****!*
Abbiamo offeso Mario: lui ***se l'è legata al dito*** *e non ci saluta più*
Ricordatevi che noi non dimentichiamo! ***Ce la leghiamo al dito****!*

- *to bear a grudge.*
- *ne pas oublier.*
- *es sich hinter die Ohren schreiben.*
- *guardársela a uno.*

Mettercela tutta

Impegnarsi al massimo; fare del proprio meglio

*Es. L'atleta **ce l'ha messa tutta** per vincere la gara e alla fine ha vinto.*
*Secondo me non **ce l'hai messa tutta**. Avresti dovuto impegnarti di più.*
*L'anno prossimo studierò di più, mamma. **Ce la metterò** davvero **tutta**.*

- *to do one's best.*
- *faire de son mieux.*
- *alles daran setzen.*
- *hacer todo lo posible.*

Non poterne più

Non essere più in grado di sopportare e di resistere; essere esausti

*Es. Basta! **Non ne posso più** del tuo comportamento! Hai capito?*
***Non ne possiamo più** di questa pioggia e vorremmo un po' di sole.*
*Mi sono licenziata, perché **non ne potevo più** di lavorare così tanto.*

- *to have had enough; to be unable to stand it any longer.*
- *en avoir par-dessus la tête.*
- *nicht mehr können.*
- *no aguantar más.*

Pagarla (cara)

(fig.) Scontare duramente; patire molto le conseguenze di un'azione

*Es. Me **la pagherai** per quello che mi hai fatto! Non ti perdonerò mai!*
*Carla me **l'ha** fatta **pagare cara** per le brutte cose che le ho detto.*
*Te **la** farò **pagare**! Mi vendicherò, anche se dovrò aspettare cent'anni.*

- *to pay dearly for s.th.*
- *payer cher; payer les conséquences de.*
- *teuer bezahlen.*
- *pagarla; pagar caro.*

Passarla liscia

Evitare difficoltà o giuste punizioni

*Es. Per questa volta **l'hai passata liscia**, ma la prossima sarai punito!*
*Pagherai per quello che hai fatto! Non **la passerai liscia**, ricordatelo!*
*Il ladro **l'ha passata liscia**, perché nessuno l'aveva visto in faccia.*

- *to get off scotfree.*
- *s'en tirer à bon compte.*
- *ungeschoren; davonkommen.*
- *salirse con la suya; quedar impune; sacarla barata.*

Prenderci gusto

Cominciare a provare piacere per qualcosa

*Es. **Ci sto prendendo gusto** ad andare in vacanza nei mesi invernali.*
*Lui amava lavorare, ma ora **ci ha preso gusto** a essere in pensione.*
*Non ci piaceva la cucina macrobiotica, ma **ci stiamo prendendo gusto**.*

- *to take a liking to; to acquire a taste for.*
- *prendre goût.*
- *auf den Geschmack kommen.*
- *tomarle gusto.*

Prendersela

Offendersi; irritarsi; preoccuparsi

*Es. **Me la sono presa** con il direttore, perché non è stato gentile con me.*
*Luca **se la prende** subito se gli dici qualcosa che non gli piace.*
***Te la prendi** troppo per il lavoro. Dovresti essere meno preoccupato.*

- *to get angry; to be worried.*
- *se fâcher; s'en faire.*
- *auf jemanden böse sein; sich mit jemanden anlegen; sich aufregen.*
- *enfadarse; enojarse; preocuparse.*

Prendersela comoda

Fare qualcosa con calma e senza fretta

Es. ***Ce la stiamo prendendo*** *troppo* ***comoda****: bisogna fare più in fretta.*
Carlo ***se l'è presa comoda*** *e non finirà il lavoro prima di venerdì.*
Te ***la sei presa comoda*** *per venire qui, eh? Ma lo sai che ore sono?*

- *to take things easy.*
- *en prendre à son aise.*
- *eine ruhige Kugel schieben.*
- *tomárselo con calma.*

Saperci fare

Essere in gamba; avere delle doti; affrontare bene ogni situazione

Es. Mio marito ***ci sa fare*** *con i bambini. Riesce sempre a farsi ubbidire.*
Bravo! Hai risolto bene il problema. Vedo con piacere che ***ci sai fare****.*
Mi è piaciuto come ti sei comportata. Devo dire che ***ci hai saputo fare****.*

- *to be a clever person; to be good at sth.*
- *savoir s'y prendre.*
- *es gut (mit jemandem) aufnehmen.*
- *darse bien; tener buena mano.*

Saperla lunga

Essere molto furbi e maliziosi

Es. Tu credi di ***saperla lunga****, ma secondo me non sei molto sveglio.*
Quell'avvocato ***la sa lunga****. Bisogna stare attenti a ciò che si dice.*
Sei proprio convinta di ***saperla*** *tanto* ***lunga****? Sei davvero così furba?*

- *to know the ropes; to know what's what.*
- *en savoir long.*
- *mit allen Wassern gewaschen sein; es faustdick hinter den Ohren haben.*
- *saber mucho de eso; sabérselas todas.*

Sbrigarsela

Disimpegnarsi; arrangiarsi

Es. Non preoccuparti! Ci penso io al direttore. ***Me la sbrigo*** *io.*
Se ***l'è*** *sempre* ***sbrigata*** *da solo, senza l'aiuto di nessuno!*
Grazie dell'aiuto, ma possiamo ***sbrigarcela*** *da soli.*

- *to manage; to work it out; to look after o.s.*
- *se charger; régler; se débrouiller.*
- *mit etwas fertig werden.*
- *arreglárselas.*

Sentirsela

Essere disposti; avere la forza

Es. Giacomo non ***se la sente*** *di uscire stasera, perché sta troppo male.*
Te la senti *di affrontare una situazione così difficile? Ne hai le forze?*
Ho dovuto dirglielo. Non ***me la sono sentita*** *di nascondergli la verità.*

- *to feel like.*
- *avoir envie; avoir le courage.*
- *imstande sein; in der Lage sein.*
- *estar dispuesto,a; apetecer.*

Smetterla

Finirla; smettere una cosa che si sta facendo

Es. Perché non ***la smetti*** *un po' con questo rumore? Ho mal di testa.*
Ragazzi, ***smettetela*** *di chiacchierare e ascoltate ciò che ho da dirvi!*
Silvia, quando ***la smetterai*** *di innamorarti della persona sbagliata?*

- *to stop it.*
- *cesser; arrêter.*
- *aufhören.*
- *dejar (de hacer algo).*

Spassarsela

Godersela; divertirsi

Es. *Ma perché non **te la spassi** un po', invece di lavorare così tanto?*
*Hanno vinto alla lotteria e ora **se la spassano** in un'isola dei Caraibi.*
*Nella mia vita non ho mai lavorato tanto. Me **la sono** sempre **spassata**.*

- *to have the time of one's life.*
- *s'amuser; se payer du bon temps:*
- *geniessen; sich amüsieren; sich vergnügen; sich unterhalten.*
- *divertirse; pasárlo en grande.*

Squagliarsela

Svignarsela; filarsela; scappare via; fuggire

Es. *Dov'è Paolo? Non lo vedo. Forse **se l'è squagliata** ed è tornato a casa.*
*Scusami tanto se l'altra sera **me la sono squagliata** senza dirti niente.*
*Allora, che facciamo? **Ce la squagliamo** o restiamo ancora un po'?*

- *to sneak away; to clear off.*
- *s'esquiver; décamper; filer à l'anglaise.*
- *sich davonmachen; sich aus dem Staub machen.*
- *escabullirse; marcharse; largarse.*

Svignarsela

Squagliarsela; filarsela; scappare via; fuggire

Es. *Quell'uomo mi ha chiesto dei soldi in prestito e poi **se l'è svignata**.*
*Non avevamo voglia di restare lì con loro e **ce la siamo svignata**.*
*Tu **te la svigni** ogni volta che ti chiedo aiuto, che ho bisogno di te.*

- *to sneak away; to clear off; (to beat it).*
- *s'esquiver; décamper; filer à l'anglaise.*
- *abhauen; sich aus dem Staub machen.*
- *escabullirse; huir; escaquearse.*

Tenerci

Essere interessati; dare importanza

Es. ***Ci tengo** molto che tutti voi veniate alla festa per il mio compleanno.*
*Ma **ci tieni** davvero a Luca? Non mi pare che sia il tipo giusto per te.*
*La prego dica a Sua moglie che **ci terremmo** molto a conoscerla.*

- *to be interested; to be keen; to like.*
- *y tenir.*
- *viel von etwas halten; Wert darauf legen.*
- *dar importancia; tener interés; estar interesado,a; gustar.*

Vedersela brutta

Trovarsi in difficoltà; avere un'esperienza negativa

*Es. L'auto di Aldo si è rotta in mezzo al deserto e **ce la siamo vista brutta**.*
***Me la sono vista brutta** l'anno scorso quando ho avuto quell'incidente.*
*I soccorsi non sono arrivati subito e loro **se la sono vista brutta**.*

- *to have a bad time; to have a hard time.*
- *avoir une mauvaise expérience.*
- *sich in Gefahr befinden.*
- *pasarlo muy mal.*

Venirne fuori

Uscirne fuori; uscire da una situazione difficile

*Es. Prima ero in una brutta situazione, ma adesso **ne sono venuto fuori**.*
*Questa ditta è stata spesso in difficoltà, ma **ne** è sempre **venuta fuori**.*
*Dopo questo processo la sua immagine **ne è venuta fuori** rafforzata.*

- *to come out of it; to emerge.*
- *s'en sortir.*
- *rauskommen.*
- *salir a flote; salir.*

Esercizi

36. >> *Trovare il giusto verbo o la giusta locuzione pronominale, secondo la definizione che viene data.*

Es. Andare via → ***andarsene***
Riuscire, essere in grado → ***farcela***

1) Prevedere una situazione ....
2) Avere un'esperienza negativa ....
3) Uscire da una situazione difficile ....
4) Essere interessati; dare importanza ....
5) Scappare via; fuggire ....
6) Fare qualcosa con calma, senza fretta ....
7) Divertirsi senza limiti e riserve ....
8) Non poter sopportare più ....
9) Smettere una cosa che si sta facendo ....
10) Combinare un pasticcio ....
11) Essere arrabbiati con qualcuno ....
12) Essere stanchi ed esasperati ....
13) riuscire più o meno bene ....
14) Smettere definitivamente ....
15) Ricordare bene; non dimenticare ....
16) Disimpegnarsi; arrangiarsi ....
17) Patire molto le conseguenze ....
18) Impegnarsi al massimo ....
19) Essere disposti; avere la forza ....
20) Offendersi; irritarsi; preoccuparsi ....
21) Cominciare a provare piacere per q.c. ....
22) Essere furbi e maliziosi ....
23) Far credere una storia a qualcuno ....
24) Essere in gamba; avere delle doti ....
25) Evitare difficoltà e punizioni ....

Esercizi

37. >> *Scegliere il giusto verbo o la giusta locuzione pronominale, fra le tre proposte.*

Es. Sono certo che (ce la farai - la farai franca - la farai finita) .... e riuscirai a battere il tuo avversario.
Sono certo che ***ce la farai*** *e riuscirai a battere il tuo avversario.*

1) Non credo a una parola di quello che dici. A me non (*la dai a bere - la dai vinta - te la dai a gambe*) ....
2) Non è il caso di (*prenderci gusto - prendersela - prendersela comoda*) .... in questo modo. Cerca di stare calmo.
3) Mi chiedo quando finalmente ti deciderai a (*farla grossa - farla franca - farla finita*) .... con questa storia ridicola.
4) La nuova segretaria (*ne ha fatte di tutti i colori - l'ha fatta finita - ce l'ha fatta*) .... e adesso devo rifare tutto il lavoro.
5) È inutile che insisti: proprio (*non la so lunga - non me la sento - non ci so fare*) .... di affrontare un viaggio così lungo.
6) Lui ha lavorato per tutta la vita e adesso ha deciso di (*sbrigarsela - squagliarsela - spassarsela*) ....
7) Questa decisione (*c'era da aspettarsela - ce l'aveva - ne aveva fin sopra i capelli*) .... da uno come Franco.
8) È stata un'esperienza davvero traumatica e (*ce la siamo vista brutta - ce l'abbiamo messa tutta*) - *ci abbiamo preso gusto*) ....
9) Non credo proprio che questa volta (*te la sbrigherai - te la caverai - te la sentirai*) .... Finirai di certo in prigione!
10) Vedo con piacere che (*ci stai tenendo - ci stai sapendo fare - ci stai prendendo gusto*) .... a lavorare solo la mattina.
11) Mi piacerebbe proprio che tu (*ci tenessi - la smettessi - la pagassi*) .... di fare questi discorsi.
12) Tanta era la paura, che (*ce la siamo sbrigata - ce la siamo svignata - ce la siamo goduta*) .... il più in fretta possibile.

Esercizi

38. >>> *Trovare nelle frasi seguenti il giusto verbo o la giusta locuzione pronominale, scegliendo fra:*

*«**andarsene**»; «**aspettarsela**» («**aspettarselo**»); «**avercela**»; «**averne fin sopra i capelli**»; «**cavarsela**»; «**darsela a gambe**»; «**darla vinta**»; «**darla a bere**».*

Es. Basta! Non ti voglio più vedere! .... per sempre!
*Basta! Non ti voglio più vedere! **Me ne vado** per sempre!*

1) Sono stanca di ascoltarti: .... dei tuoi stupidi discorsi. 2) Parlate bene l'italiano? Non lo parliamo benissimo, ma .... 3) Questa proprio non .... Non avrei mai pensato che tu potessi farmi una cosa del genere! 4) Avevo una paura matta e .... 5) Lorenzo, non sono così stupida da crederti. Vuoi .... proprio a me? 6) Sono molto stanca e .... a casa. 7) Io vorrei proprio sapere perché .... tanto con me. Ti ho forse fatto qualcosa di male? 8) Ragazzi, per questa volta ...., ma domani voglio che facciate il doppio dei compiti. 9) Dimmi in tutta sincerità, ma tu .... una simile reazione da Luciano? 10) Vuoi che ti aiuti a portare la borsa? No, grazie, ... Posso fare da sola. 11) Rimani qui! Sii coraggioso una volta tanto e affronta la situazione, invece di ....! 12) Non abbiamo nessuna intenzione di tollerare ancora i tuoi ritardi, Sergio .... di aspettarti sempre. 13) Perché fai quella faccia così arrabbiata? .... con me forse? No, non .... con te. Sono arrabbiata per conto mio. 14) Esci da questa casa! Non ti voglio più vedere! .... e non tornare mai più! 15) No, Lucia, guarda che non .... Non ci credo proprio a una storia simile. 16) Mi hanno detto che i figli di Alessandro e Marianna .... bene a scuola, anche in matematica.

Esercizi

39. >>> *Trovare nelle frasi seguenti il giusto verbo o la giusta locuzione pronominale, scegliendo fra:*

«farcela»; «farla finita»; «farla franca»; «farla grossa»; «farne di cotte e di crude» («farne di tutti i colori»); «filarsela»; «finirla»; «godersela»; «legarsela al dito»; «mettercela tutta».

Es. Conviene .... e non rimanere qui un minuto di più.
*Conviene **filarsela** e non rimanere qui un minuto di più.*

1) Questa valigia pesa troppo. .... più a portarla. Mi potresti aiutare, per favore? 2) Oggi i bambini non sono stati molto buoni. .... e alla fine hanno persino rotto il vaso cinese che ci aveva regalato la zia Mariangela. 3) Questa .... e non la dimentico di certo! 4) Io .... Non ho nessuna intenzione di rimanere qui un minuto di più. 5) Mi prometti che ti impegnerai a fondo? Ti assicuro che .... per vincere. 6) Sul posto sono intervenuti i vigili del fuoco e la polizia, ma purtroppo non c'è stato nulla da fare: l'uomo aveva già deciso di .... 7) Io amo .... la vita, mentre tu pensi solo a lavorare dalla mattina presto alla sera tardi. 8) Ricordati che non riuscirai sempre a .... Succederà prima o poi che dovrai subire una dura punizione. 9) Puoi .... per favore di fare tanto chiasso? Non vedi che sto studiando? 10) ...., eh? Questa volta hai esagerato e non credo che te la caverai tanto facilmente. 11) Aiuto! Non .... a spostare questo armadio da sola. Qualcuno mi aiuti! 12) Invece di .... come fai sempre, potresti restare qui e aiutarmi a mettere in ordine? 13) Giovanna .... e questa volta non mi perdonerà di certo. 14) A proposito della gara di domani, mio padre mi ha detto che se mi impegnerò, se ...., ... a vincere. 15) (Noi) ...., prima che arrivi la polizia!

Esercizi

40. >>> *Trovare nelle frasi seguenti il giusto verbo o la giusta locuzione pronominale, scegliendo fra:*

*«**non poterne più**»; «**pagarla (cara)**»; «**passarla liscia**»; «**prenderci gusto**»; «**prendersela**»; «**prendersela comoda**»; «**saperci fare**»; «**saperla lunga**».*

Es. Basta! .... di te! Ho deciso di lasciarti!
*Basta! **Non ne posso più** di te! Ho deciso di lasciarti!*

1) Come sta tuo padre dopo che è andato in pensione? Beh, all'inizio non sapeva che cosa fare durante il giorno, ma poi, dopo qualche settimana, ha cominciato a .... e adesso è felice. 2) Non riuscirai a .... anche questa volta. Ti prenderò e me .... 3) Non devi .... così. Vedrai che tutto si sistemerà e questo problema sarà per te solo un brutto ricordo. 4) .... eh? Lo sai che sono almeno due ore che ti aspetto? La prossima volta me ne vado se non arrivi subito. 5) Rita .... con i bambini. Pensa che riesce a farsi ubbidire senza il minimo sforzo. 6) .... di alzarmi tutte le mattine all'alba per andare in ufficio. Sai che ti dico? Cerco una casa più vicina al lavoro, così non dovrò alzarmi tanto presto. 7) Quel ragazzo ha l'aria di .... Credo che meriti un posto di maggiore responsabilità nella nostra azienda. 8) Una telecamera a circuito chiuso ha filmato la scena della rapina in banca e siamo certi che i ladri questa volta non .... 9) Questo lavoro va fatto in fretta. Non possiamo ...., perché abbiamo solo pochi giorni prima della consegna del progetto. 10) .... per quello che ti ha detto Daniela ieri sera? Ma sono certa che scherzava! Non voleva offenderti! 11) Credi di ...., non è vero? Io, invece, penso che tu non sia tanto sveglio. 12) Sebastiano mi ha detto che .... di stare in città. Vuole respirare aria pura.

Esercizi

***41.* >>>** *Trovare nelle frasi seguenti il giusto verbo o la giusta locuzione pronominale, scegliendo fra:*

*«**sbrigarsela**»; «**sentirsela**»; «**smetterla**»; «**spassarsela**»; «**squagliarsela**» («**svignarsela**»); «**tenerci**»; «**vedersela brutta**»; «**venirne fuori**».*

Es. .... di guardare sempre le partite di calcio in TV!
Smettila *di guardare sempre le partite di calcio in TV!*

1) Dov'è Stefano? È uscito, come al solito? Quando c'è da lavorare quel ragazzo .... sempre. 2) Hai bisogno di aiuto, Maria? No, grazie .... da sola. 3) .... di scherzare e vediamo di lavorare un po' seriamente! 4) Ragazzi, è un miracolo se sono ancora vivo! L'incidente è stato davvero pauroso e io .... 5) Stefania, ... di alzarti? No, ho ancora un forte mal di testa e sarà meglio che rimanga a letto ancora per un po'. 6) Vi prego, venite alla nostra festa per l'anniversario di matrimonio. .... molto. Per noi è importante che ci siate anche voi. 7) La situazione non era per me delle più semplici, ma fortunatamente .... abbastanza bene. 8) Dovresti .... di fumare tante sigarette. Lo sai che ti fanno male alla salute. 9) Non .... di affrontare un lavoro così impegnativo, senza l'aiuto dei miei collaboratori. 10) Io qui non ci voglio restare e .... Tu vieni con me? 11) Non chiedermi sempre che cosa devi fare! .... da solo qualche volta! 12) Di' un po', ma tu .... veramente a fare questo viaggio o è solo un capriccio? 13) Se il direttore non accetterà il progetto, ... e rischierò di compromettere seriamente la mia carriera. 14) Invece di .... tutto il giorno, perché non pensi un po' al tuo futuro? 15) Non .... di fare questa salita in bicicletta, perché non sono molto allenato.

Parte terza

Chiavi

☑

1. > p. 11 1) lui 2) io 3) voi 4) Lei 5) io 6) noi 7) lei, lui 8) tu 9) loro 10) Loro.

2. >> p. 11 1) essa, Lei 2) voi, noi 3) essa, io 4) essi, noi 5) tu, lei.

3. > p. 14 1) Domani tutti noi lo faremo 2) Prima li incontravo spesso 3) Quando la spedirai? 4) Dove le comprerai? 5) Perché non lo inviti? 6) Chi lo usa sempre?

4. > p. 14 1) Quando le telefonerete? 2) Che cosa gli dirai? 3) Non mi interessano questi discorsi 4) Perché non gli scriviamo (non scriviamo loro)? 5) Signora, Le piace questo concerto? 6) Non preoccuparti, le parlerò io.

5. > p. 14 1) Io non glielo presto 2) Perché non me la racconti? 3) Noi non ve la facciamo 4) Gliela regalerai? 5) Te lo farei volentieri 6) Gliele spieghiamo.

6. >> p. 15 1) Li compro 2) non lo so 3) la mangio 4) La prego 5) la vedo 6) Le prenderò.

7. >> p. 15 1) Le telefonerò 2) non gli piaceva 3) le dispiace 4) Gli regaliamo 5) Le sembra 6) Gli racconterò.

8. >> p. 15 1) Glielo porto 2) te la do 3) ve lo spiego 4) Gliela racconto 5) Te lo ripeto 6) te lo prometto.

9. >> p. 16
1) L'ho studiato alcuni anni fa 2) L'hai capita? 3) L'hanno aspettato per dieci minuti 4) Quando li avete conosciuti? 5) Dove l'hai parcheggiata? 6) Le hai spente? 7) L'ho conosciuta ieri sera 8) Lei ne ha spedite alcune 9) Chi l'ha vinta? 10) Ragazzi, l'avete ordinata?

10. > p. 17 1) Sandra mi ha preferito,a (m'ha preferito,a) 2) Hai capito che vi hanno chiamato,i,e? 3) Ci hanno preso,i,e in giro per tutto il tempo 4) Ti hanno scelto,a (t'hanno scelto,a) come migliore chitarrista 5) Qualcuno vi ha visto,i,e insieme 6) Ti ho aspettato,a (t'ho aspettato,a) per tutta la giornata 7) Perché mi hai preso,a (m'hai preso,a) in giro? 8) Sai che ci hanno accettato,i,e nel club? 9) Vi ha messo,i,e in una brutta situazione 10) Mi hanno ringraziato,a (m'hanno ringraziato,a) per l'ospitalità.

11. >> p. 18 1) Lui ce l'ha raccontata 2) Gliel'hai chiesto? 3) Glieli avete restituiti? 4) Gliene ho offerti solo alcuni 5) Gliel'abbiamo promesso 6) Perché non glieli avete prestati? 7) Gliel'hai già presentato? 8) Credo che gliel'abbia detto 9) Te l'avevo già spiegata 10) Gliel'ho promesso 11) Chi gliel'ha regalato? 12) Chi gliel'ha regalato? 13) Gliel'hai data? 14) Gliel'ho ripetuto 15) Me l'avete promesso.

12. > p. 19 1) Gli avete telefonato? 2) Non le ho ancora chiesto scusa 3) Perché non gli hai parlato (non hai parlato loro)? 4) Perché non gli hai parlato (non hai parlato loro)? 5) Gli abbiamo spedito una lettera 6) Le scriviamo una cartolina? 7) Che cosa gli hai risposto? 8) La tua festa le è piaciuta molto 9) Quando le hai dato la notizia? 10) Gli è dispiaciuto (è dispiaciuto loro) molto partire 11) Le ho promesso di non fumare più 12) Gli ha ordinato (ha ordinato loro) di fare silenzio 13) Chi Le ha dato il permesso di entrare? 14) Che cosa gli avete offerto (avete offerto loro)? 15) Le hai restituito il golf?

13. > p. 24 1) le mangio 2) La ringrazio 3) non lo comprerò 4) non la conoscevo 5) Non lo vedo 6) mi accompagni 7) ti prego 8) ce l'abbiamo 9) ne possiede molti 10) Li metterò.

14. > p. 24 1) Gli scriverò 2) ti piacerebbe 3) non le telefono 4) vi interessa; ci interessa 5) Le dispiace; mi dà fastidio 6) gli chiederò (chiederò loro) 7) Non ti presterò 8) gli spieghi 9) Ci dispiace 10) non gli bastano mai.

15. >> p. 25 1) li abbiamo finiti 2) Li ho messi 3) l'hanno trasmessa 4) l'ho mangiata 5) ne ho mangiata 6) L'abbiamo fatta 7) ci avreste invitato,i 8) non l'ha fatto 9) Li ho comprati 10) l'ho persa 11) non l'abbiamo svegliata 12) l'abbiamo visitato 13) l'abbia lasciato 14) l'ho accompagnato 15) L'ho parcheggiata 16) Li ho conosciuti 17) Non l'avevo mai visto 18) non ne ho spedita nessuna 19) non l'avrei fatta 20) Ti avrei aiutato,a se l'avessi saputo 21) L'ho appena comprata 22) l'hai fatto 23) l'abbiamo avuta 24) Ne avevi appena spenta una 25) ti ho pregato,a.

16. >> p. 26 1) ti dispiacerebbe 2) L'aspetterò 3) Le scrivo 4) Ne conosco e ne parlo 5) lo conoscerò 6) non lo so 7) li incontro 8) Le prometto 9) mi ama 10) ti prego 11) ne leggo 12) La chiamerò 13) Lo studio; mi piace 14) Le serve; non mi occorre 15) lo capimmo 16) Non lo vedrò; gli telefonerò 17) Ne fumavo 18) ti ripeterò 19) Le ripeterò 20) lo cerco 21) gli dici 22) non lo sapevo; lo so.

17. >>> p. 27 1) gli ho scritto; gli ho detto 2) l'ho invitato 3) le ho notate 4) le ho spiegato 5) Le è dispiaciuto 6) l'hai messa 7) Non ne ho fumata; non l'ho fatto 8) l'abbiamo salutata; le abbiamo telefonato; le abbiamo detto 9) L'hanno cercata 10) non L'ho potuta invitare (non ho potuto invitarLa) 11) L'ho dovuta chiamare (ho dovuto chiamarLa) 12) le ho promesso.

18. >>> p. 28 1) li hai già spesi 2) non ne abbia realizzate 3) Le ho detto; non le posso più prestare (non posso più prestarle) 4) Non li ho comprati; li ho ereditati 5) la racconto; non l'ho mai raccontata 6) non l'ho potuta comprare (non ho potuto comprarla) 7) Le ho parlato 8) non le ho ancora spedite; lo farò 9) mi hai telefonato; mi vuoi dire (vuoi dirmi) 10) Le ha dato 11) l'ho finita 12) L'ho fatto; non mi piacevano; mi facevano male.

19. >>> p. 29 1) ti devo dire (devo dirti); Mi dispiace; l'ho dimenticato; non l'ho fatto 2) mi scusi; La disturbo; Le vorrei 3) Non ne ho fumato; lo giuro; non mi interessa 4) Le sembra; Le piace; Le interessa; La posso aiutare (posso aiutarLa) 5) Ne ho studiate; ne parlo; l'ho dimenticata 6) La prego; non mi faccia perdere; Le ho già detto 7) Ci è bastato 8) non ti scrivo; voglio dirti (ti voglio dire); ti ho pensato 9) l'ho vista; l'ho conosciuto; Gli ho anche chiesto; voleva venderla (la voleva vendere); mi ha risposto 10) non lo firmerà; non gli sono piaciuti.

20. >> p. 30 1) te lo ripeto; devo dirtelo (te lo devo dire) 2) gliela darò; Me lo prometti 3) te lo dicevo; Me lo assicuri 4) posso fartelo conoscere (te lo posso far conoscere) 5) me lo dica; Gliela ripeterò 6) Glieli renderò; me lo (me li) chiederà 7) Non glielo permetto 8) non glielo chiedi 9) Gliene posso offrire (posso offrirgliene); me li porterei 10) me la imbuchi; te la imbucherò 11) Puoi prestarmelo (me lo puoi prestare) 12) Glieli spedirò; Glielo prometto 13) Me la puoi tradurre (puoi tradurmela).

21. >> p. 31 1) gliel'ho promesso 2) te l'ho già dato 3) ve l'ho già ripetuto 4) Gliel'ho prestata; non me l'ha ancora restituita 5) gliel'ho raccontata 6) Gliel'abbiamo permesso noi 7) Gliene ho prestati; me ne aveva chiesti 8) gliel'ho dovuto ripetere (ho dovuto ripeterglielo) 9) gliel'abbiamo indicata 10) Le ho detto; me ne ha prescritte 11) non gliel'ho ancora comprato; non me l'hai ricordato 12) ve l'ho detto; ve l'ho ripetuto 13) Gliene ho scritte 14) te l'ho spiegato.

22. >>> p. 32 1) l'ho salutata; le ho detto; mi ha fatto; le ho dato; mi (ci) potrà telefonare 2) Le vorrei fare; La osservo (L'osservo); mi potrebbe togliere 3) l'ho voluta svegliare (ho voluto svegliarla) 4) Prendilo; usalo; non le scrivi; Scrivile 5) avergli detto; ci ha telefonato; ci ha chiesto di perdonarlo; l'abbiamo fatto 6) Le è piaciuta; l'ho gradita; ringraziarla 7) l'hai perso; non lo restituisci; te lo faranno pagare; Non l'ho perso; Lo riporterò 8) Gliene ho dati; Mi deve restituire; non l'ha fatto.

23. >>> p. 33 1) mi ha aiutato; leggendolo; l'ho consigliato; l'hanno comprato 2) Lo sapevo; Gli ho detto (Gliel'ho detto); non mi ascolta 3) Mi dispiace; gliel'ho promesso; telefonargli (telefonare loro); dirgli (dire loro) 4) te ne preparo; Lo vuoi; l'ho già assaggiato; mi ha fatto 5) averla; l'ha potuta 6) ti avevo dato; Finiscilo; lo sto aspettando 7) Ti ho già raccontato; te la racconto; non l'hai mai sentita; ti piacerà 8) non l'ho mai visto; incontrarlo; lo conosci; mi vuoi rispondere.

24. > p. 44 1) Il libro che abbiamo comprato è molto interessante 2) La macchina che ho comprato è di seconda mano 3) La canzone che trasmette la radio (che la radio trasmette) è famosa 4) Nel sogno che ho fatto stanotte eri presente anche tu 5) Il signore che veniva sempre in questo bar è un famoso attore 6) Le ragazze che arriveranno stasera sono mie amiche 7) La minestra che mangiamo non ha molto sapore 8) La medicina che (lui) ha preso ieri gli ha fatto bene 9) Le decisioni che hanno preso, secondo me erano sbagliate 10) Gli spaghetti al pesto che ho mangiato erano meravigliosi.

25. >> p. 45 1) per cui (per la quale) 2) in cui (nel quale) 3) Chi 4) in cui (nella quale) 5) con cui (con il quale) 6) chi 7) di cui (della quale); di cui (della quale) 8) da cui (dal quale) 9) chi 10) fra cui (fra le quali) 11) con cui (con la quale); di cui (della quale) 12) con cui (con la quale) 13) su cui (sulla quale) 14) per cui (per il quale) 15) Chi 16) da cui (dai quali) 17) con cui (con le quali) 18) con cui (con il quale) 19) in cui (nel quale) 20) chi 21) di cui (del quale) 22) per cui (per la quale) 23) su cui (sulla quale) 24) a cui (al quale).

26. >>> p. 46 1) Chi 2) che 3) con cui (con i quali) 4) le cui 5) il che 6) che 7) di cui (dei quali); chi 8) con cui (con i quali) 9) che 10) il che 11) che 12) chi 13) che; in cui (nella quale) 14) per cui (per il quale) 15) che; fra cui (fra i quali) 16) Chi.

27. >>> p. 47 1) per cui (per la quale) 2) il che 3) che 4) Chi; che 5) i cui 6) da cui (dal quale); che 7) il che 8) che 9) con cui (con la quale) 10) con cui (con le quali) 11) che 12) il cui 13) che; il che 14) che 15) di cui (della quale).

28. >> p. 54 1) chi; che (che cosa, cosa) 2) chi (qual) 3) Quanti 4) quanto 5) che (che cosa, cosa) 6) quale (chi) 7) quante 8) Quanto 9) chi 10) Quali; che (che cosa, cosa) 11) Chi; Chi; Che (Che cosa, Cosa) 12) Quanto 13) Quali; quanto 14) Quante 15) Chi (Qual) 16) Che (Che cosa, Cosa); Qual 17) Quanto 18) chi; che (che cosa, cosa) 19) Qual 20) Chi (Quali) 21) Quanti (Quali); chi 22) Che (Che cosa, Cosa) 23) chi; che (che cosa, cosa); Quanto 24) Chi 25) Quanto; qual.

29. > p. 60 1) La nostra o la vostra? 2) del vostro 3) la tua 4) il nostro 5) la loro 6) la tua 7) ai nostri 8) alla sua 9) la mia 10) alle sue 11) della tua 12) il vostro.

30. > p. 65 1) quello; Quello. Quelli 2) Quello; quello 3) quelli 4) questa 5) Questi 6) quelle 7) Queste 8) quella 9) quelle 10) Questa 11) quelli 12) quella 13) questo; quello 14) Quelli 15) Quelli 16) Quello 17) Questa 18) quello 19) quella 20) Questo 21) Questa 22) quella.

31. >> p. 66 1) quello 2) Queste (Quelle) 3) costoro (quelli) 4) questo; quello 5) Questa 6) Quelli 7) Quelli (Coloro) 8) quella 9) Questi 10) Colui 11) Queste 12) Quelli (Coloro); Questa 13) Quello 14) quelli 15) Quella; quello 16) colei (quella) 17) Questo 18) questi.

32. >>> p. 67 1) questo 2) quello; questo 3) Questa 4) codesto (quello) 5) Quelle (Costoro) 6) quello 7) costui (quello) 8) questo; quello 9) Questa; quelli (coloro) 10) Quelli 11) quello 12) questo 13) Quello 14) Quelli (Coloro) 15) Questa 16) questa 17) Quella 18) questo.

33. > p. 79 1) una 2) ognuno (ciascuno) 3) uno 4) Qualcuno (Qualcheduno) 5) Qualcuno (Qualcheduno) 6) qualcuno (qualcheduno, nessuno) 7) tutti 8) nessuno; tutti 9) uno (qualcuno); nessuno 10) Ognuno (Ciascuno) 11) qualcuno (uno,a) 12) una 13) nessuna 14) tutte; ognuna (ciascuna) 15) Chiunque 16) qualcuno; nessuno.

34. >> p. 80 1) molto (tanto) 2) Tutti; ognuno (ciascuno) 3) troppo 4) Molti (Tanti, Troppi, Parecchi) 5) molti (tanti, troppi, parecchi); pochi (alcuni) 6) Niente (Nulla) 7) qualcuno (qualcheduno, uno,a) 8) tutto; niente 9) qualcuno (qualcheduno); nessuno 10) chiunque 11) troppo 12) una 13) qualcuno (qualcheduno) 14) nessuno 15) molto (tanto) 16) poco 17) troppo 18) nessuno.

35. >>> p. 81 1) Tutt'e due 2) tutti; nessuno 3) qualcun altro 4) tutto 5) nessuno 6) ognuno (ciascuno, chiunque); tutti 7) troppo; nessuno 8) qualcun'altra 9) niente (nulla) 10) Alcuni; tutti 11) Tutto 12) niente (nulla) 13) qualcuno (qualcheduno); Nessuno 14) chiunque; tutti 15) buono a nulla.

36. >> p. 99 1) aspettarselo (aspettarsela) 2) vedersela brutta 3) venirne fuori 4) tenerci 5) darsela a gambe 6) prendersela comoda 7) godersela 8) non poterne più 9) smetterla 10) farla grossa 11) avercela 12) averne fin sopra i capelli 13) cavarsela 14) farla finita 15) legarsela al dito 16) sbrigarsela 17) pagarla (cara) 18) mettercela tutta 19) sentirsela 20) prendersela 21) prenderci gusto 22) saperla lunga 23) darla a bere 24) saperci fare 25) passarla liscia (farla franca).

37. >> p. 100 1) la dai a bere 2) prendersela 3) farla finita 4) ne ha fatte di tutti i colori 5) non me la sento 6) spassarsela 7) c'era da aspettarsela 8) ce la siamo vista brutta 9) te la caverai 10) ci stai prendendo gusto 11) la smettessi 12) ce la siamo svignata.

38. >>> p. 101 1) ne ho fin sopra i capelli 2) ce la caviamo 3) me l'aspettavo 4) me la sono data a gambe 5) darla a bere 6) me ne vado 7) ce l'hai 8) ve la do vinta 9) te l'aspettavi (te la saresti aspettata) 10) me la cavo 11) dartela a gambe 12) ne abbiamo fin sopra i capelli 13) Ce l'hai; ce l'ho 14) Vattene 15) me la dai a bere 16) se la cavano.

39. >>> p. 102 1) Non ce la faccio 2) Ne hanno fatte di cotte e di crude (Ne hanno fatte di tutte i colori) 3) me la lego al dito 4) me la filo 5) ce la metterò (ce la metto) tutta 6) farla finita 7) godermela 8) farla franca 9) finirla 10) L'hai fatta grossa 11) ce la faccio 12) filartela 13) se la legherà al dito 14) ce la metterò tutta; ce la farò 15) filiamocela.

40. >>> p. 103 1) prenderci gusto 2) passarla liscia; la pagherai (cara) 3) prendertela 4) Te la sei presa comoda 5) ci sa fare 6) Non ne posso più 7) saperla lunga (saperci fare) 8) la passano (passeranno) liscia 9) prendercela comoda 10) Te la sei presa 11) saperla lunga 12) non ne può più.

41. >>> p. 104 1) se la squaglia (se la svigna) 2) me la sbrigo 3) Smettiamola 4) me la sono vista brutta 5) te la senti 6) Ci teniamo 7) ne sono venuto,a fuori 8) smetterla 9) me la sento 10) me la squaglio (me la svigno) 11) Sbrigatela 12) ci tieni 13) me la vedrò brutta 14) spassartela 15) me la sento.

Test 1 > p. 34
1.b 2.b 3.a 4.a 5.b 6.b 7.a 8.a 9.b 10.a 11.b 12.b 13.b 14.b 15.b 16.b 17.a 18.b 19.a 20.a 21.b 22.b 23.a 24.b 25.b 26.b

Test 2 >> p. 36
1.a 2.a 3.c 4.b 5.c 6.c 7.a 8.c 9.a 10.a 11.c 12.b 13.a 14.c 15.b 16.a 17.c 18.a 19.c 20.b

Test 3 >>> p. 38
1.d 2.b 3.c 4.d 5.b 6.a 7.d 8.d 9.b 10.a 11.d 12.d 13.c 14.c 15.b

Test 4 > p. 48
1.b 2.a 3.a 4.b 5.b 6.a 7.b 8.b 9.b 10.a 11.b 12.b

Test 5 >> p. 49
1.b 2.c 3.c 4.b 5.a 6.c 7.b 8.a 9.c 10.a

Test 6 >>> p. 50
1.a 2.c 3.c 4.c 5.a 6.d 7.b 8.d 9.a 10.c 11.a 12.d 13.a 14.d

Test 7 > p. 55
1.a 2.b 3.b 4.a 5.b 6.a 7.a 8.b 9.a 10.b 11.a 12.b

Test 8 >> p. 56
1.a 2.a 3.b 4.b 5.a 6.a 7.a 8.a 9.b 10.a 11.a 12.a

Test 9 >>> p. 57
1.b 2.a 3.a 4.b 5.a 6.c 7.a 8.b 9.a 10.c

Test 10 > p. 61
1.b 2.b 3.a 4.b 5.b 6.b 7.b 8.a 9.a 10.b

Test 11 > p. 68
1.b 2.a 3.b 4.a 5.b 6.a 7.a 8.b 9.a 10.b 11.a 12.a

Test 12 >> p. 69
1.c 2.a 3.a 4.c 5.a 6.b 7.a 8.b 9.c 10.a

Test 13 >>> p. 70
1.a 2.a 3.a 4.a 5.b 6.c 7.c 8.b 9.a 10.d

Test 14 > p. 82
1.a 2.b 3.a 4.b 5.b 6.b 7.a 8.b 9.b 10.b 11.b 12.a

Test 15 >> p. 83
1.c 2.c 3.a 4.a 5.c 6.b 7.b 8.c 9.c 10.a

Test 16 >>> p. 84
1.a 2.d 3.a 4.c 5.b 6.d 7.c 8.a 9.c 10.a

Catalogo generale
Progetto Lingua Edizioni

Grammatiche >

Corsi >

Esercizi >

Letture >

Racconti originali >

Racconti graduati >

Test >

Giochi >

cucina >

... e tutto quanto è utile per imparare l'italiano >

**www.
progettolingua.
it**

MODULO D'ORDINE

Vi prego di inviarmi all'indirizzo indicato i seguenti volumi:

Guida ai verbi italiani	numero copie: .....
Guida alle preposizioni	numero copie: .....
Guida ai pronomi	numero copie: .....
Ecco! Grammatica italiana	numero copie: .....
Ecco! Italian grammar	numero copie: .....
L'italiano da soli	numero copie: .....
Racconti italiani	numero copie: .....
Facile	numero copie: .....
Giusto!	numero copie: .....
Giochiamo in italiano	numero copie: .....
L'italiano in cucina	numero copie: .....
Dizionario dei verbi italiani	numero copie: .....
Idea!Uno	numero copie: .....
Idea!Due	numero copie: .....
Sì! L'italiano in mano	numero copie: .....
Viva la mamma!	numero copie: .....
Il caso Rossetti	numero copie: .....
Caccia al passato	numero copie: .....
Gli odori del signor Cotter	numero copie: .....
Antonia e le parole	numero copie: .....
Un amore diverso	numero copie: .....

Nome: ______________________ **Cognome:** ________________________
Via: _________________________ **n.** _____ **Città:** ____________________
CAP: _______ **Paese:** ________________ **Telefono/fax:** ____________
e mail: _______________________

Pagamento: ☐ contrassegno ☐ vaglia postale ☐ altro